幽默聊天学

HUMOROUS CHATTING

刘 楠 ◎ 著

民主与建设出版社

·北京·

©民主与建设出版社，2018

图书在版编目（CIP）数据

幽默聊天学 / 刘楠著 . — 北京：民主与建设出版社，2018.5
　　ISBN 978-7-5139-1969-2

Ⅰ.①幽… Ⅱ.①刘… Ⅲ.①幽默（美学）—口才学—通俗读物 Ⅳ.① H019-49

中国版本图书馆 CIP 数据核字（2018）第 037304 号

幽默聊天学
YOUMO LIAOTIANXUE

出 版 人	李声笑
著　　者	刘楠
责任编辑	韩增标
装帧设计	润和佳艺
出版发行	民主与建设出版社有限责任公司
电　　话	（010）59417747　59419778
社　　址	北京市海淀区西三环中路 10 号望海楼 E 座 7 层
邮　　编	100142
印　　刷	大厂回族自治县彩虹印刷有限公司
版　　次	2018 年 5 月第 1 版
印　　次	2018 年 5 月第 1 次印刷
开　　本	710mm×1000mm　1/16
印　　张	15
字　　数	228 千字
书　　号	ISBN 978-7-5139-1969-2
定　　价	45.00 元

注：如有印、装质量问题，请与出版社联系。

前 言

恩格斯说:"幽默是具有智慧、教育和道德上优越的表现。幽默感是人比较高尚的气质,是文明的体现,一个社会不能没有幽默。"我们都知道,西方人十分重视幽默,而中国人虽然含蓄一些,但是在幽默方面也当仁不让,比如林语堂、钱钟书等,都是幽默大家。许多人之所以在社交、事业上取得突出的成就,与他们幽默的性格密不可分。

一句幽默的话可以让剑拔弩张的气氛缓和下来,也可以让陷入僵局的谈判起死回生,可以让你成为众人瞩目的焦点,可以让初次见面的异性对你一见钟情,也可以让你博得他人的同情和爱心。幽默不仅是生活的调味剂,也是工作的润滑剂,爱情的兴奋剂,家庭生活的黏合剂,仇敌宿怨的稀释剂。

很多人以为,幽默口才是与生俱来的。只有那些天生具有幽默感的人,才能够妙语连珠,逗得别人捧腹大笑;而那些天生缺乏幽默感的人,只能一辈子低头做个"闷葫芦"。这种观点自然是错误的,作为一种艺术形式,幽默是可以后天培养的。

真正的幽默是从内心涌出的,它能表现出一个人的真诚、善良,以及一个人对别人、对生活的态度。假如你能够真正学会幽默，不仅会助你事业成功，而且还会帮你创造出更有意义的人生。

　　本书向读者阐释了"小幽默大智慧"的道理，并通过分析和解读不同场景下的小幽默，给读者提供一个相应的策略。另外，书中还列举了大量的幽默口才案例，旨在教会读者如何制造幽默、运用幽默，并让读者身临其境，在最短的时间内领会幽默的真谛。只有懂得了如何正确制造幽默、使用幽默，才能逐渐提高自己的影响力和感染力，从而获得更多人的支持，使生活和事业更加顺利。

　　不过，天下事成始于勤，没有反复训练的精神，不肯勤于实践，什么样的幽默技巧都很难让你取得应有的成效。所以，我们应该多学多练、活学活用，只有这样才能将幽默口才的力量发挥到极致。

目录

第一章
提升个人魅力，怎可少了幽默

幽默形式知多少 / 002

幽默能提升自身的亲和力 / 005

幽默谈吐是富有内涵的表现 / 007

幽默让你在任何场合如鱼得水 / 010

幽默是阳光生活的必备品 / 012

懂幽默的人魅力四射 / 015

榜样力量 马克·吐温：幽默是永恒的财富 / 017

第二章
初次见面，借幽默留下好印象

自我介绍：风趣地推出自己 / 020

幽默开场：有趣话题利于打开局面 / 023

赞美他人：幽默夸赞更能博人好感 / 026

自我调侃：缩短和他人之间的距离 / 029

巧打圆场：化解尴尬有绝招 / 032

榜样力量 萧伯纳：于幽默中秀出好口才 / 035

第三章
在公众面前发言，幽默让你独领风骚

幽默的开场白能征服听众 / 038

和听众套近乎，于幽默中贴近人心 / 041

来点幽默，轻松击破听众的刁难 / 044

发言短小精悍，更能发挥"笑果" / 047

豹尾，让听众在笑声中回味无穷 / 050

榜样力量　马云：幽默感成就社交力 / 053

第四章
玩转幽默，化尴尬于无形

人生哪有不出糗，不妨自嘲一把 / 056

气氛骤然变冷，用幽默来"解冻" / 059

委婉说"No"，让对方被拒绝也愉快 / 062

遇到困难别发愁，幽默一笑能解忧 / 065

帮人帮己，用幽默给他人解围 / 068

榜样力量　丘吉尔：幽默是生活的调味剂 / 071

第五章
不必要的冲突，用幽默来化解

幽默沟通，化干戈为玉帛 / 074

他人嚣张挑衅，冷幽默来反击 / 077

难得糊涂，不妨说些不着调的话 / 080

答非所问，从对方的"陷阱"里脱身 / 083

反击不必太严肃，幽默一点更有效 / 086

榜样力量　卓别林：让幽默给他人送去欢乐 / 089

第六章
学几招幽默技巧，变身幽默达人

顺水推舟，顺势而为成就幽默 / 092

自相矛盾，营造戏剧化的幽默效果 / 095

发散思维，多角度回答的幽默 / 098

一语双关，话中有话让人会心一笑 / 101

埋下伏笔，"抖包袱"制造幽默喜感 / 104

巧用反语，反语幽默让听众捧腹 / 107

张冠李戴是产生幽默的有效方法 / 110

榜样力量　莫扎特：用幽默彰显非凡风采 / 113

第七章
拿捏分寸，幽默要恰如其分

幽默要高雅，低级趣味要不得 / 116

看人下菜碟，幽默要分清对象 / 119

注意场合，幽默要用得恰到好处 / 122

幽默也有禁忌，避开别人的忌讳 / 125

把握好分寸，玩笑开过了也伤人 / 128

榜样力量　崔永元：幽默让人回味无穷 / 131

第八章
幽默给点力，职场才能更得意

请出幽默，助面试一臂之力 / 134

用幽默感消除和上司间的距离 / 137

幽默提意见，同事之间好相见 / 140

缓解工作压力，让幽默来帮你 / 143

巧用幽默毛遂自荐，离晋升更近一步 / 146

榜样力量　李静：懂幽默就是能率性而为 / 149

第九章
笑语"赢"人，多对下属来点幽默

激励员工，幽默一点更易出效绩 / 152

幽默能美化你在下属心目中的形象 / 155

用好幽默这块"磁石"，和员工打成一片 / 158

批评有窍门，对犯错的员工幽默点 / 161

幽默是安慰员工的一针强心剂 / 164

榜样力量　谢娜：用幽默感塑造亲和力 / 167

第十章
缓解紧张的气氛，用幽默促成谈判

随机小幽默能赢得客户欢心 / 170

消除紧张感，营造友好的谈判氛围 / 173

以幽默回敬对方的无礼攻击 / 176

绕个弯子，点燃客户的好奇心 / 179

适时来点儿幽默，给客户消消火 / 182

榜样力量　冯骥才：幽默的心态最重要 / 185

第十一章
想要情浓如初，幽默保鲜不可少

幽默搭讪，靠近你的意中人 / 188

喜欢对方，就幽默地开口吧 / 191

醋味儿太浓，用幽默给它调淡些 / 194

应付妻子的购买欲，幽默一点有奇效 / 197

遭遇唠叨的另一半，炫出你的幽默感 / 200

暗示的幽默，恋人间的亲密接触 / 202

榜样力量　张大千：幽默点缀潇洒人生 / 205

第十二章
老少咸宜，幽默是家庭和睦的调和剂

意见不合，粗鲁抨击不如幽默应对 / 208

长辈也别总端着，要适时放下架子 / 211

大道理听着累，小幽默孩子更易懂 / 213

要想和婆婆关系好，幽默赞美少不了 / 216

长辈有偏失，借助幽默提出来 / 219

榜样力量　白岩松：妙语智言巧示幽默 / 222

附录
马丁幽默类型调查卷 / 224

第一章
提升个人魅力，怎可少了幽默

无论是生活上还是事业上，幽默都能提升一个人的魅力指数，让你在生活中左右逢源，在事业上顺风顺水。通过本章的学习，你会了解到幽默是富有内涵的表现，它可以提升你的亲和力，让你在任何场合都如鱼得水，也可以让你魅力四射，使你的生活充满阳光。

幽默形式知多少

〔美国〕马克·吐温

在幽默的领域里，重复的威力是很大的。几乎任何一个用词确切、一成不变的习惯用语，只要每隔一段时间郑重地重复它五六次，最后总是逼得人家忍不住笑起来。

幽默的形式多种多样，有冷幽默、灰色幽默、黑色幽默、歇后语式幽默、透明式幽默、禅式幽默、方言式幽默……每一种形式都有其独特之处，也都可以产生令人捧腹大笑的效果。下面对几种常见的形式做简要的分析。

1. 冷幽默

冷幽默指的是一种刚听时不觉得好笑，仔细想想却让人回味无穷的幽默。制造冷幽默时，当事人往往一本正经，装作在说一件非常严肃的事情的样子，并没有刻意地要达到幽默的效果，而是在不经意间自然流露出幽默。它的结局在情理之中，又在意料之外，与人们的思想逻辑相违背，让人听后发愣、不解、深思、顿悟、大笑。

男孩陪同女孩在医院打点滴，见女孩一直盯着点滴瓶笑，以为周围发生了什么好笑的事，于是四处张望，却什么也没发现。

看到女孩依然笑个不停，男孩忍不住问："你在笑什么？"

女孩回答说："我笑'点滴'（点低）啊。"

这就是典型的冷幽默，利用同音词产生笑点。叙述时平平淡淡，结局却出人意料，从而营造出一种喜感。

2. 灰色幽默

灰色幽默指的是一种表达人内心郁闷、消极的幽默。它被人们用以发泄不满情绪，有一种自我解嘲、自我安慰的味道。

某地有一名男子，由于做生意失败，妻子又离开了他，万念俱灰之下起了自杀的念头。他抱着必死的决心来到桥上，准备跳河自杀。

民警闻讯赶到，苦苦相劝，可是男子一句不听，非死不可。等到这名男子真的要跳河时，看了一下河里的水，突然改变了主意，转身就要离开。

站在一旁的人不明所以，好奇地问："你怎么突然又想开了？"

男子抱怨："河里的水被污染成什么样了，都黑了！我实在忍受不了，真是想死都死不了啊！"

这就是一则典型的灰色幽默：你连死都不怕了，还怕河里的水黑吗？

3. 黑色幽默

黑色幽默以悲观主义为思想基础，用一种不以为然的态度把痛苦转化为玩笑，用喜剧的方式演绎悲剧。它产生的绝不是愉悦感，而是一种发自内心的苦涩的笑，目的是引导人们去思考现实的冷酷无情。

4. 歇后语式幽默

歇后语式幽默是许多人经常使用的一种表达技巧。它分为前后两个部分，前半部分制造悬念，后半部分产生喜感，是一种通过话语转折达到幽默效果的语言艺术。比如："光着屁股推磨——转着圈丢人。"

5. 透明式幽默

透明式幽默指的是把心里话用幽默的形式直截了当地摆在台面上，没有包袱、伪装的幽默，不需要听者去费心琢磨，也不会给听者带来低沉、消极的心境。这种幽默听过笑过转眼即忘，不会给听者带来任何负担。在社交场所，这种幽默最为常见。

6. 禅式幽默

禅式幽默是一种充满了智慧的幽默，重点在于一个"悟"字，需要听者仔细回味才能领悟笑点所在。一般情况下，这种幽默方式仅仅适用于文化水平比较高的人群。因为只有具备一定学识、阅历的人，才能在短时间内领悟到禅式幽默所蕴含的道理。

7. 方言式幽默

方言式幽默指的是利用普通话和地方语言之间的差异制造出的幽默。中国地域辽阔，各个地方的语言发音不尽相同，有的甚至存在很大的差异，当两种差异很大的方言相遇的时候，很容易产生误会，进而制造出幽默的效果。不过，这种幽默形式不能过度使用，因为内心敏感的人很容易把它当成地域歧视，结果适得其反。

幽默的形式多种多样，除了以上几种形式，还有很多种。但要注意的是，仅仅了解幽默的形式远远不够，最关键的是学会运用。只有恰如其分地运用幽默，你才能展现自身的魅力。

幽默能提升自身的亲和力

[美国] 罗伯特

我发现幽默具有一种把年龄变为心理状态的力量,而不是生理状态的。

亲和力指的是交际者之间的亲切感、密切感、信任感。它具有互动性,可提升关注度和接受度。细心的人都能发现,大凡取得突出成就的人,都具有较强的亲和力,无论走到什么地方,都会备受追捧和拥戴。

大家都有这样的体会,跟幽默风趣的人交流,会有一种轻松、愉快的感觉;跟不懂得开玩笑的人聊天,会有一种压抑、窒息的感觉。比如,朋友聚会时,彼此说说笑笑,气氛就会很融洽。上司给下属开会时,上司不苟言笑、拉长脸,下属沉默不言、垂着脑袋,气氛就会十分压抑;如果上司妙语连珠,不时说几句俏皮话,或者和下属开一下玩笑,就可以缓和紧张的气氛。

可见,幽默可以提升一个人的亲和力,因此,要想增强亲和力,就要善用幽默,让自己变得幽默起来。也就是说,你应该先幽默起来,才有助于你成为一个富有亲和力的人。

也许你相貌平平,不是人群中的焦点,也许你普普通通,不是一个成功人士,没关系,这些都不影响你成为一个幽默的人。一个懂得幽默的人,就像拥有了能够春风化雨的魔力,能使紧张的气氛轻松起来。

英国著名女影星玛丽非常喜欢游泳。可是,她中年开始发福,越来越没有游泳的勇气，最后竟然不再游泳了。

在一次记者招待会上，一名记者非常直接地问道："玛丽女士，请问您是因为太胖、害怕出丑才不去游泳的吗？"

玛丽幽默地回答说："我并非因为太胖才不去游泳的，实际上我是因为害怕我们的空军战士在天上看到我后，误以为他们又发现了一个新岛屿。"

这名记者提出的问题明显带有挑衅性，可是玛丽在回答时并没有回避自己胖的事实。相反，她巧妙地利用幽默，夸大其词，竟然把自己比作一个岛屿，令记者大跌眼镜。

许多明星都喜欢在人前摆架子，装腔作势，回避自己的缺陷，玛丽却用自嘲式的幽默，揭去虚伪的面纱，摆脱了尴尬之境的同时还展现了她的亲和力，进而轻松拉近了与听众的距离。通过这种自嘲式幽默，她既保全了自己的面子，又博人一笑，赢得了人心。

幽默不仅是公众人物需要的沟通技巧，普通大众同样不可或缺。

学校里新调来一位老师，要给同学们上一堂观摩课，听课的不仅有第一次见面的学生，还有学校里的各位资深教师，以及教务处的各位领导。

为了消除彼此之间的陌生感，展现自己的亲和力，新老师在讲课之前先做了自我介绍。他风趣地说："各位领导、老师、同学们，大家好！我来自美丽的旅游城市桂林，我姓钱，不是'前程似锦'的'前'，而是'没有钱'的'钱'。"

一句幽默的开场白瞬间把同学们和在场观摩的领导及老师们逗得哈哈大笑，新老师跟大家的距离也因此缩短了很多。随后，新老师抑扬顿挫，娓娓道来，课堂上时不时传出欢快的笑声和热烈的掌声。

新老师通过幽默的开场白，提升了自身的亲和力，消除了与同学、老师、领导们之间的陌生感，最终推动了观摩课的顺利进行。由此可见，幽默可以极大地提升一个人的亲和力，它不仅可以营造一种轻松、和谐的氛围，还可以迅速缩短人与人之间的心理距离。

幽默谈吐是富有内涵的表现

[美国] 马克·吐温

他们对幽默具有一些乱七八糟的领会。只看到一千种低级琐碎的事物的可笑的一面——主要是非常明显的不协调荒谬怪诞以及引人发笑的东西。而世界上还有一万种高级的滑稽可笑的东西，就不是他们迟钝的眼光能看到的了。

有位哲人说："世界上没有哪一位伟大的革命家、艺术家是没有幽默感的。"幽默既是一种优美的、健康的品质，又是一门学问、一种修养。知识是孕育幽默的沃土，幽默是知识的产物。掌握广博的知识、提高个人修养，才能把幽默运用得得心应手。

幽默蕴含着思想、语言行为、情绪、仪态等各种因素，是一个人内在修养的体现。因此，幽默的口才需要很长一段时间才能练成。一个人若只有语言能力，并不足以使其广受欢迎，还必须要有一颗非同寻常的心。也就是说，幽默的口才不能只靠语言完成，还要靠深厚的修养。

在一辆拥挤的公交车上，一位男士因为司机急刹车而不慎撞入一位女士的怀中。这位女士暴跳如雷，认定这位男士是故意占她便宜，于是大声骂道："德行！"

听到骂声，许多人投来好奇的目光。该男士立即回应："对不起，小姐，不是德行是惯性！"

听到男士的话，女士不好意思地低下了头，周围传来一阵笑声。

幽默是瞬间的灵思，但形成幽默的思维少不了丰富的学识和深厚的涵养。所谓深厚的涵养，指的是内在的承受力与胸怀。

服务员："先生，您吃什么？"
顾客："来个白菜炖豆腐吧！"
服务员："不好意思，先生，店里现在没有白菜了。"
顾客："那就来个西红柿炒鸡蛋吧！"
服务员："不好意思，也没有鸡蛋了。"
顾客："那我知道要什么了，豆腐炒西红柿肯定有了吧？"
服务员大笑不止。

幽默并非讽刺，它或许带着温和的嘲讽，却不会刺伤对方，从而体现出一个人的修养和人格魅力。幽默高手具有宽宏博大的胸怀，他们大多宽厚仁慈，富有同情心。他们并非超然物外地看破红尘，而是持有一种积极豁达的人生观念和处事态度。

那么，怎样才能通过提升修养让自己的谈吐变得幽默起来呢？可以从以下两个方面做起：

1. 领会幽默的内在含义

正如一位名人所说："浮躁难以幽默，装腔作势难以幽默，钻牛角尖难以幽默，捉襟见肘难以幽默，迟钝笨拙难以幽默，只有从容，平等待人，超脱，游刃有余，聪明透彻才能幽默。"许多人把油腔滑调、嘲笑、讽刺当作幽默，总是攻击他人的缺陷，实际上这并不是真正的幽默，而是缺乏修养和素质低下的表现。

2. 陶冶情操

心态对于培养幽默谈吐非常重要。幽默是乐观和宽容精神的体现，要学会幽默，就要学会宽以待人，善于体谅他人，而不要斤斤计较。同时还要乐观一些，因为乐观是幽默最亲密的朋友，只有乐观对待现实的人，其谈吐才能充满幽默。

总之，修炼幽默时一定要牢记：一个思想消极、心胸狭窄的人，其言语一般很难充满趣味；只有那些心宽气明、对生活充满热情的人，其言语才能发挥出幽默的力量和光芒。

幽默让你在任何场合如鱼得水

[美国]华盛顿

世界上有三件事是真实的——上帝的存在、人类的愚蠢和令人好笑的事情。前两者是我们难以理喻的，所以我们必须利用第三者大做文章。

在实际生活与工作中，我们会遇到各种各样令人头疼、难堪的交际场合，假如处理不好，就可能给自己招来不必要的麻烦，甚至陷入窘境。不过，假如我们能够急中生智，巧妙运用幽默化解，那么，我们就能变得游刃有余。

中国民间有一句俗话，叫"到什么山头唱什么歌"。幽默也是如此，在什么场合说什么话。巧妙利用场合和氛围，让谈话意图、内容与场合协调一致，更便于对方理解和接受。比如，在一些重大的社交场合，由于各种原因，有时难免会遭遇冷场，此时如果我们能够不时穿插一些小幽默，不仅可以活跃气氛，还能赢得他人的好感，得到众人的支持与理解。

一次，著名作家王蒙应邀到上海某大学演讲。

他走到讲台上，发现台下的同学们积极性并不是很高。于是，他在开场白中说："由于我这几天身体不太好，感冒咳嗽，不太能说话，还请大家谅解。不过，我想这也不一定是坏事，这是在时刻提醒我多做事少说话……"

王蒙这段幽默的开场白立刻把台下同学的情绪调动了起来。随后，在整个演讲过程中，王蒙幽默不断。在座的学生完全被他的演说吸引，掌声不断，甚至在演说结束后，有些同学依旧恋恋不舍。

幽默是具有温度的，偶尔来点小幽默能使语言"升温"。可以毫不夸张地说，幽默是缓解冷场、赢得人心的绝佳方式。

在一些公共场合，有时难免会遇到一些突发状况，让我们陷入尴尬的境地。这时，我们不妨来点幽默，这样不仅能缓和紧张的气氛，还能更快更好地解决问题，使局面重新得到控制，也使自己摆脱尴尬的处境。

古时候，有一个人为了讨好一位官员，在市场上买了5只来自异国他乡的鹦鹉，准备献给官员。可是，按照这个国家的习俗，"6"才是一个吉利的数字。假如只送5只，他担心这位官员会生气。思之再三，他决定混一只本国的鹦鹉进去，凑够6只进献给这位官员。

官员看到6只鹦鹉，果然非常高兴。可是，当他仔细玩赏一遍后，突然发现有一只本国的鹦鹉混在其中，立即生气地问："你告诉我这是怎么回事？莫非你是故意欺骗我孤陋寡闻吗？"

这个人早就想好了对策，于是不慌不忙地解释道："大人果然好眼力，可是大人有所不知呀，这只本国的鹦鹉是其他5只鹦鹉的随行翻译啊！"

官员一听，虽然明知道他的话十分荒谬，但是见他奉承得体，最后还是嘉奖了他。

一句机智幽默的话，不仅化解了自己的尴尬，还得到了官员的嘉奖，真是高明至极啊！在这种场合依然能如鱼得水，可见没有幽默是不行的。

总之，无论在什么场合，幽默都像润滑剂一样协调着人们的关系，比如解救冷场、应对意外、维护利益与尊严等。所以，只要我们学会运用幽默，就能帮我们在任何场合都如鱼得水，使沟通无往不胜。

幽默是阳光生活的必备品

[中国] 林语堂

　　幽默是由一个人旷达的心性中自然而然地流露出来的，其语言中丝毫没有酸腐偏激的意味；而油腔滑调和矫揉造作，虽能令人一笑，但那只是肤浅的滑稽笑话而已。只有那些坦坦荡荡、朴实自然、合乎人情、合乎人性、机智通达的语言，才会虽无意幽默，但却能幽默自现。

　　幽默是生活的调节剂，它不仅可以淡化人的消极情绪，也有助于消除沮丧与痛苦。一个具有幽默感的人，可以从自己不顺心的境遇中发现快乐，从而使自己的心理达到平衡。可以毫不夸张地说，阳光生活从幽默开始，幽默是面对困境时减轻精神压力和心理压力的有效方法。

　　有这样一个人，他用积攒了几年的钱买了一辆小汽车。一次，他教妻子开车，车子在下坡时，刹车突然失灵了。

　　妻子大惊失色地叫道："车停不下来了，我该怎么办？"

　　他回答说："祈祷吧！亲爱的。性命最要紧，不过你要尽量挑选比较便宜的东西去撞！"

　　最后，车子撞在路旁的一个垃圾桶上，车头被撞坏了，不过好在夫妻二人都安然无恙。

　　当他们从车内爬出来时，并没有为损失了一大笔财产而难过，反而为刚才的那段对话大笑不止。

有时候，事情已经发生，就无可挽回，那又何必再为其难过呢？如果我们都能像这对夫妇一样，抱着这种乐观的生活态度，以幽默的方式对待不幸，我们就一定会生活在欢声笑语之中。

欢乐和笑声是人们生活中必备的良药，它能够让人们保持一种乐观的生活态度。而幽默则是制造欢乐和笑声的绝佳工具，只要有幽默存在，就能让人放松心情。懂得幽默的人，既不会因为别人的冒失而抱怨，也不会被生活中的挫折击垮。在他们的眼中，世界是五彩缤纷的，是充满希望与美好的。

启功先生是中国知名的书画家，他的前半生可谓充满了坎坷和艰辛，1岁丧父，母子二人便由祖父供养。10岁时祖父过世，家道中落，一贫如洗。靠祖父门生的鼎力相助，他才勉强读到中学，但是并没有毕业。

启功成名之后，经常有人模仿他的笔墨在市面上出售。

一次，他与几个朋友在书画市场发现了好几幅"启功"的字，字模仿得很到家，连他的朋友都难以辨认，就问道："启老，这是你写的吗？"

启功微微一笑，夸赞道："比我写得好，比我写得好！"众人听了都哈哈大笑。

突然有一人说："我有启功的真迹，有要的吗？"

启功说："拿来我看看。"那人把字递给他。

此时，启功的朋友问卖字幅的人："你认识启功吗？"

那人很自信地说："认识，是我的老师。"

朋友转问启功："启老，你有这个学生吗？"

卖字幅的人听了连忙道歉，哀求道："实在是因为生活困难才出此下策，还望老先生高抬贵手。"

启功宽厚地笑道："既然是为生计所迫，仿就仿吧，可不能模仿我的笔迹写反动标语啊！"

生活的坎坷与曲折并没有击垮启功先生，他反而更加乐观豁达、待人宽厚，以幽默的生活态度对待这个世界。可见，幽默的生活态度体现在一种心境、一种状态、一种豁达之上。

幽默是阳光生活的必备品，是一种美德，也是一种快乐。因此，在遇到不顺心的事或难对付的人时，不妨笑一笑，以幽默对待，不要把挫折看得太重，更不要自寻烦恼。要知道，用乐观、豁达、体谅的心态对待不顺心的事或难对付的人，就会看出事物美好的一面；用悲观、苛刻、狭隘的心态对待不顺心的事或难对付的人，就会觉得世界是一片灰色。

懂幽默的人魅力四射

[古希腊] 亚里士多德

幽默发现正面人物在个别缺点掩饰下的真正本质。我们正是这样不断地克服缺点，发展优点，这也就是幽默对人的肯定的力量之所在。

一个人的魅力可以来自美貌，可以来自才学，当然也可以来自幽默。因为幽默可以展现说话者的素养、风度和个人魅力。幽默不仅能给周围的人带来欢乐，还能提高个人的语言魅力，为谈话者锦上添花。

幽默是对一个人语言能力更高层次的要求。无论是生活上还是事业上，幽默的生活都有助于提升一个人的魅力指数。看看我们身边的社交达人，大多数都是极具幽默感的人。假如你觉得自己是一个缺少魅力的人，那就要努力培养自己的幽默感，因为幽默会让你在人际交往中魅力四射。

马尔科姆·萨金特是美国著名的音乐指挥家和风琴手。在他70岁诞辰时，许多记者都来贺寿。

在众多嘉宾中，有一名记者朋友问他："您能活到70岁高龄，请问应该归功于什么？"

马尔科姆·萨金特想了想，回答说："我认为必须归功于这一事实，那就是我没有死。"

第二天，当报纸刊登出这一新闻之后，许多原本并未关注马尔科姆·萨金特的人都开始到处打听他的消息。

幽默就是具有这么大的魔力！马尔科姆·萨金特一句具有幽默感的话，既给周围的人带来了欢乐，也使自己备受他人的关心和瞩目。由此可见，在与他人交往时，一个小小的幽默，往往能增强自己的魅力指数，让你在瞬间吸引众人的目光，并让他们更愿意接近你。

一群学生请教爱因斯坦："什么是相对论？"

爱因斯坦举了个生动的例子："这么说吧，如果让你跟一位美丽的姑娘坐在一起两个小时，你会觉得好像只坐了一分钟；但是如果是坐在炙热的火炉边，哪怕让你坐一分钟，你也会觉得好像已经坐了两个小时。这就是相对论。"

那群学生听后大笑，无不为爱因斯坦的睿智叹服。

如果语言是心灵的桥梁，那么幽默便是桥上行驶最快的列车。它穿梭在此岸和彼岸之间，时而鲜明、时而隐晦地表达着某种心意，并以最快捷的方式直抵人的心灵深处，提升幽默者在其他人心中的分量和自身的人格魅力。

榜样力量

马克·吐温：幽默是永恒的财富

马克·吐温，原名塞姆·朗赫恩·克列门斯，出生于1835年，是美国的幽默大师、小说家、作家，也是著名演说家，被誉为"文学史上的林肯"。他的幽默、机智与名气，使他成为美国最知名人士之一。他交友广泛，迪士尼、魏伟德、尼古拉·特斯拉、海伦·凯勒、亨利·罗杰诸君都是他的好友。

书与割草机

一次，马克·吐温向邻居借一本书，邻居却对他说："可以，可以。不过我定了一条规则，从我的图书室借去的图书必须当场阅读。"

过了一星期，这位邻居向马克·吐温借用割草机，马克·吐温笑了笑，对他说："当然可以，毫无问题。但是我定了一条规则，从我家里借去的割草机只能在我的草地上使用。"

只好站着

马克·吐温曾到法国一个小城市旅行并发表演讲。一次，他独自到一家理发店理发。

理发师问："先生，您好像是刚从国外来的？"

马克·吐温答道："是的，我是第一次来这个地方。"

理发师说："您真走运，因为马克·吐温先生也在这里，今天晚上您可以去听他演讲。"

马克·吐温回答说："肯定要去。"

理发师问："先生，您有入场券吗？"

马克·吐温回答说："还没有。"

"这可太遗憾了！"理发师把双手摊开，遗憾地说，"那您只好从头至尾站着听了，因为那里不会有空位子。"

"对！"马克·吐温说，"和马克·吐温在一起真糟糕，他演讲我就只能永远站着。"

说谎

有一位批评家习惯吹毛求疵，经常指责马克·吐温在演讲时说谎。马克·吐温挖苦他说："如果您自己不会说谎，没有说谎的本事，对谎话是怎样说的一点知识都没有，您怎么能说我是说谎呢？只有在这方面经验丰富的人，才有权这样明目张胆地武断地说话。您没有这种经验，而且也不可能有。在这一方面，您是一窍不通又要充内行的人。"

第二章
初次见面,借幽默留下好印象

要想在最短的时间内给人留下一个深刻的印象,为进一步的交往打下良好的基础,就要表现得幽默一些。一个风趣的自我介绍,一个幽默的开场白,都能在初次见面时给人留下一个好印象。幽默地赞美他人、幽默地打圆场、自我调侃,也都能给你的形象加分。

自我介绍：风趣地推出自己

[奥地利] 西格蒙德·弗洛伊德

最幽默的人，是最能适应的人。

幽默引言

初次见面时，往往需要做自我介绍，但是向陌生人做自我介绍时，很多人做得都不够好，仅仅报出自己的姓名："我姓李，名小华。"自以为自我介绍做得不错，但是刚过了三五分钟，也许别人已经把他的名字忘得一干二净了。

幽默是记忆淡化的克星，一个幽默的自我介绍，可以让你在社交场合给人留下一个刻骨铭心的印象。要想在最短的时间内给人留下一个深刻印象，为进一步的交往打下良好的基础，就要做一段幽默的自我介绍。

幽默小故事

有趣的自我介绍

一名同学在做自我介绍时说："我名叫杨利，杨是杨树的杨，意思是像杨树一样挺拔，像杨树一样根深蒂固，做个顶天立地的男人；利是胜利的利，意思是把握好自己的人生，刻苦学习，不断挑战自己，而且面对挑战务必要胜利而归！如果诸位还是没记住我的名字，只需要记住著名航天员杨利伟就行，我比他少了一个'伟'字，不过我希望自己将来能像他一样伟大。我初来乍到，今天有幸与大家结识，这是难得的缘分，所以我觉得咱们上辈子肯定是莫逆之交。"

幽默式的自我介绍，不仅能让大家记住你的名字，而且还能体现你的幽默感，会给人一种很容易相处的感觉，自然有很多人想要跟你交朋友。

人们最容易记住那些幽默风趣、别具一格的名字，因为这些名字总是给人耳目一新的感觉。

老舍先生的自我介绍

40岁时，著名作家老舍在介绍自己时这样说："舒舍予，字老舍，现年40岁，面黄无须。生于北平。3岁失怙，可谓无父，志学3年，帝王不存，可谓无君。无父无君，特别孝爱老母，布尔乔亚之仁未能一扫空也。幼读300篇诗，不求甚解。继学师范，遂奠教书匠之基，及壮，糊口四方，教书为业，甚难发财，每购奖，以得末奖为荣，示甘于寒贱也。27岁发愤著书，科学哲学无所成，故写小说，博大家一笑，没什么了不得。34岁结婚，今已有一男一女，均狡猾可喜。闲时喜养花，不得其法，每每有叶无花，亦不忍弃，书无所不读，全无所获并不着急。教书做事均甚认真，往往吃亏，亦不后悔。如此而已，再活40年也许能有点出息。"

这种介绍方式短小精悍，寓庄于谐，具有无穷的韵味，不禁令人拍案叫绝，同时又让人得到许多教益和启发。如果你介绍自己时也能使用诙谐的方式，一定会给人留下一个深刻的印象，让人对你刮目相看。

三招五式

进行自我介绍时，为了给人留下深刻的印象，可以使用以下几种幽默介绍法：

1. 名人式幽默

在新生见面会上，一名同学做自我介绍时，风趣地说："相信大家都知道《红楼梦》中多愁善感的林黛玉吧，我的名字和她差不多，林代玉，不过是代表的'代'。而且我性格开朗，爱好交友，和林黛玉刚好相反。"

2. 自嘲式幽默

王美丽介绍自己时说："我叫王美丽，但是没有标准的身高，没有苗条的身材，也没有漂亮的脸蛋。真不知道父母为什么给我取这个名字，也许他们是为了让我追求美丽的心灵吧。"

3. 调换词序式幽默

周菲在做自我介绍时说："我的名字很好记，你把'非洲'倒过来读就是我的名字了——周菲。"

4. 谐音式幽默

在一次自我介绍时，朱伟辉曾经幽默地说："我的名字叫朱伟辉，读起来像'居委会'，所以大家可以把我当成居委会，有困难就来我这儿反映，本居委会一定为大家解决好。"

5. 自夸式幽默

王金华很懂得幽默自夸，在介绍自己时经常这样说："我叫王金华，大王的王，黄金的金，中华的华。这几个字都没有任何偏旁，像我本人一样简单。不过简单并不代表没有追求，相反，我是一个有理想的人。"

幽默开场：有趣话题利于打开局面

[中国] 钱仁康

　　幽默是一切智慧的光芒，照耀在古今哲人的灵性中间。凡有幽默的素养者，都是聪敏颖悟的。他们会用幽默手腕解决一切困难问题，而把每一种事态安排得从容不迫，恰到好处。

幽默引言

　　许多人都有这样的体会：来到一个陌生的场合，总会设法找个人聊聊，打开局面。可是，这个时候大脑往往一片空白，不知道该如何开口，搜肠刮肚，最终却徒劳无功。实际上，真正的沟通高手并不用如此大费周章。

　　许多人都希望张口说的第一句话就能让人觉得妙语连珠，睿智而又有内涵。但是，万事开头难，在一个陌生的场合，要想用有趣的话题打开局面并非一件简单的事情。往往需要你用心观察，找到一个调节气氛、引人发笑的话题。

幽默小故事

手肘按门铃

　　一次，李娟接到朋友贺丽的邀请，请她到家中做客。由于李娟是第一次来，所以双方没有太多共同话题，气氛一时有些尴尬。

　　看到这种情况，李娟风趣地说："叔叔、阿姨，你们知道吗？昨天贺丽请我来你们家时，对我说：'你到了之后，不用打电话给我了，直接用手肘按一下门铃就行了，家里一直都有人。'我问她为什么一定要用手肘按门铃，她回答说：'第一次来我们家，你总不至于空着手来吧？'"

只这一句话，就把贺丽和她的父母逗得哈哈大笑。

假如你想在交往中以最快的速度得到别人的友谊，就要善于运用幽默的力量。无论是去别人家中做客，还是在自己家中待客，都需要一个充满幽默的气氛。尤其是在双方第一次见面时，更需要你幽默开场，用有趣的话题打开局面。因为一个面带微笑、风趣幽默的人，永远比一个神情抑郁的人更受欢迎。

克林顿吹萨克斯

克林顿擅长吹萨克斯，可是一直找不到展示的机会。

一次，克林顿在CNN发表竞选演说时，当着大家的面说："有人问我除了会吹牛之外，还会吹什么？"克林顿一边说一边拿出藏在身后的萨克斯，说："今天我要让大家知道，我还会吹这个。"

随后，克林顿使出浑身解数，接连吹了几首名曲，不仅充分展示了他的才艺和幽默感，还拉近了与选民的距离。

幽默是陌生感的克星，可以迅速消除人与人之间的陌生感，拉近人与人之间的感情距离，并为幽默者增添魅力。这是许多政治家、教育家、谈判家都明白的一个道理。只要把幽默感的神奇力量注入潜意识之中，就能让你更容易与人亲近，更富有人情味。

三招五式

幽默开场时，你首先要关注对方的情绪。假如对方的情绪很好，你开口前也要让自己的情绪好一点。相反，假如对方的情绪特别糟糕，那么你和对方聊天时也要带上你的同情心。这就要求你在开口说话前，先对谈话对象进行"声音采样"，探测他的情绪状态。了解对方的情绪状态后，就可以进入对方的情绪轨道，这会使你们之间的沟通更为顺畅。

需要注意的是，并不是所有幽默都可以打开局面，你还需要把话说到对方心坎上。俗话说："酒逢知己千杯少，话不投机半句多。"要想让美好动听的语言走进对方的心田，就要学会"投其所好""避人所忌"。

在谈话中，假如只有你一人语言幽默，听你说话的人却参与不多，你就要好好反思了，也许并不是对方害羞，而是对你说的话不感兴趣。此时，你要尽量提升他的热情，让他参与进来，这样才可以让你们之间的气氛尽快变得融洽起来。

此外，有些幽默是通用的，放之四海而皆准，但是有的幽默只适合特定的人群，对另外一些人只会适得其反。因此，只有了解到一个人的基本性格和心理特点，开场时才不会"触礁"。

赞美他人：幽默夸赞更能博人好感

[俄国] 契诃夫

不懂得开玩笑的人是没有希望的人。这样的人就算额高七寸，聪明绝顶，也算不上真正有智慧的人。

幽默引言

与陌生人打交道是司空见惯的事情，而赞美则是和陌生人拉近距离的好方法。不过，赞美陌生人时，假如运用的方法不对，不仅无法拉近彼此之间的距离，甚至会引起他人的误会。

幽默小故事

女职员开心一笑

一次，小雪去银行取钱，银行里的人很多，年轻的女职员手忙脚乱的，渐渐地有些不耐烦了，看上去心情不太好。小雪不想看到她那张苦瓜脸，可是不知道如何改变这种状况。

片刻之后，小雪发现女职员的字写得十分漂亮，于是称赞说："哇，你的字写得真漂亮，真是人见人爱，花见花开，猪见猪撞墙呀！"

听到客户幽默的夸赞，女职员吃惊地抬起头，心情一下子好了很多。

小雪是一个聪明的人，欲夸其人先夸其字，一句"人见人爱，花见花开"就已经让女职员喜笑颜开了，又幽默地说了一句"猪见猪撞墙"，一下子让女职员

"多云转晴",不由得笑出了声。

赞美一个人是对这个人的肯定,更是对这个人魅力的一种欣赏。不管是什么样的人,总有他独特的优点,或者是身材苗条,或者是皮肤细腻,或者是衣着得体,或者是谈吐不凡。总之,赞美一个人,就要善于去发现、捕捉他的美。

相亲

刘波第一次见江岚便对她说:"介绍我们认识的张阿姨说你很漂亮。"

江岚微微一笑:"真的吗?"

刘波回答说:"没错,她是这么说的。不过我觉得她说的话不对。"

江岚心头一紧,顿时收敛了笑容,生气地说:"那你怎么说?"

刘波风趣地说:"在我看来,你这不叫漂亮,而叫迷人。"

江岚害羞地说:"我有那么好吗?"

刘波故作遗憾地说:"你的确很好,不过,你只能迷住那些没有经验的男孩子。"

江岚刚浮出的笑容顿时消散,不愉快地问:"为什么这么说我?"

刘波回答说:"因为那些没有经验的男孩子都像你一样年轻、纯洁、朝气蓬勃、活泼可爱。"

听了这话,江岚高兴得大笑不止,对刘波的印象更好了。

刘波使用幽默方式,令江岚心中起伏不定,牢牢地抓住了她的心。这样一个风趣幽默的人,无疑是充满魅力的,假如和他在一起生活,肯定会充满欢乐。刘波说话如此风趣,怎么会不备受异性的青睐呢?

初次见面的两个人,互相之间缺少吸引力,如果再因为说了一两句不恰当的话,就很难深入发展下去。此时,不妨采用幽默的方式赞美对方,这样才能瞬间打动对方的心。

三招五式

萍水相逢的人,由于相互间缺乏了解,所以赞美之词应该围绕一些通过表面可以观察到的方面。因此，初次见面时，要把握好着眼点和契机，这样你的赞美才能打开对方心灵的大门。这时的赞美不可能特别具体、详细，只能宽泛、笼统。不过，一定要带上热情和真诚，不要做作。

在赞美一个陌生人时，应该避免以对方的人品或性格为赞美对象，因为那样很难让人感受到你的真诚。毕竟是第一次见面，如果你赞美对方人品好、性格好，就算是由衷之言，也很难让人相信。与其赞美对方的人品和性格，不如赞美对方过去的成就、行为。

你可以赞美对方的职业是多么的崇高，地位是多么的重要。因为每个人都希望自己从事的职业能够赢得别人的尊重，自己付出的劳动能够得到社会的认可。这样的赞美，恰好迎合了对方的心理需要，更容易使对方产生交谈的兴趣。

自我调侃：缩短和他人之间的距离

[英国]萨克雷

一个有幽默感的文人肯定性格仁慈，十分敏感，容易产生痛苦和欢乐，能敏锐地觉察周围人们的各种情绪，同情他们的欢乐、爱恋、乐趣和悲哀。

幽默引言

自我调侃，指抓住自己的短处调侃自己。我们都知道，谁都不愿意用正式的口气指出自己的短处，因为那样不仅会令自己难堪，还会引起他人更大的嘲笑。但如果用幽默的方式指出自己的短处，则一方面能避免尴尬，另一方面能表现出自己的大度，增加亲和力。

一个敢于用幽默调侃的语气把自己的短处公之于众的人，别人不仅不会嘲笑他，反而会在内心里称赞他。为什么这么说呢？因为一个能发现自己缺点和不足的人，一定是一个能自省的人；一个敢于把自己的缺点和不足公之于众的人，一定是一个自信十足的人。

幽默小故事

第一个知道下雨的人

美国著名演说家罗伯特是一个很有才华的人，也是一个特别幽默的人，所以很多人都喜欢和他交朋友。

陌生人第一次见罗伯特时，或多或少有些拘谨。为了缩短和他们之间的距离，罗伯特经常自我调侃。罗伯特60岁生日那天，许多朋友前来拜寿，有人建议他戴一顶帽子，借以遮掩光秃秃的脑袋。罗伯特回答说："你们不知道光头有多好，我是第一个知道下雨的人！"

这句自我调侃的话刚说出口，前来参加宴会的人都情不自禁地笑出了声。

罗伯特自我调侃，既调节了现场的气氛，又缩短了与陌生朋友之间的距离。可见，自我调侃能使陌生感很快消失。所以，要想拉近与朋友之间的距离，不妨自我调侃。

其实，有些不足是大家都可以看见的，越是掩饰，越会成为人们的谈资。就像罗伯特的秃顶，如果戴一顶帽子，就等于告诉别人自己在竭力掩饰秃顶的事实。与其遮遮掩掩的，不如拿自己开玩笑说"我是第一个知道下雨的人"。

儿童票

小赵是一名新入职员工，和同事们还不够熟悉。他个子比较矮，所以快30岁了还没有找到女朋友。一天，办公室里的人没心没肺地说："现在的女孩眼光多高呀，怎么可能有人看上小赵！""也不能这么说，武大郎比他还矮呢，不是一样娶了一个很漂亮的老婆？""哈哈，假如他去打篮球，可以从别人胯下钻过，肯定很好玩。"

正在这时，小赵走了过来，不但没有生气，反而笑嘻嘻地说："矮个也有矮个的好处。要不怎么有人说'天塌下来，有高个顶着'呢？至少去景区我可以买儿童票，你们可以吗？"

听了小赵的话，同事们立即闭上了嘴巴，再也没有在背后说他的坏话。

听到别人说自己的坏话，小赵不卑不亢地自我调侃，这不仅是对同事们嘲笑的含蓄回击，还是一种自信的表现。

当别人嘲笑你时，如果你表现得怒不可遏，就会引来更大的嘲笑；如果你假装没听见，会被认为是逃避和自卑的表现。正确的做法是自我调侃，笑一笑自己的缺陷，这样做别人反而不敢轻视你。

三招五式

自我调侃可以缩短和他人之间的距离，那么，怎样才能做到自我调侃呢？首先，你需要有一种宽容的处事态度，原谅别人的嘲讽。其次，你要有乐观主义精神，能够接受自身的缺点。最后，你要有足够的勇气，敢于拿自己的缺点、失误、错误、短处来调侃自己，开自己的玩笑。

要注意的是，自我调侃绝不等同于自轻自贱。用自轻自贱的方式开自己的玩笑，不仅不会缩短和他人之间的距离，还会让他人更轻视你。自轻自贱的人无法经受住别人的嘲弄和打击，只有自信的人才能坦然面对。

巧打圆场：化解尴尬有绝招

〔法国〕雨果

在巴黎，一句俏皮话总是能立即得到理解，因而总是受到捧场的。

幽默引言

社交过程并非总是一帆风顺的，当在公众交往中遇到了令人尴尬、为难的情况时，先不要着急摆脱，也不要生硬地表达不满，而要学会运用幽默打圆场，融化交际之冰。

"打圆场"是一种说话的艺术，而不是油腔滑调的诡辩，更不是不着边际的奉承。认真学习并掌握这种艺术，注意在特定的场合中察言观色，适时得体地打圆场，能有效地摆脱社交中的尴尬和烦恼。

幽默小故事

陆文夫巧答记者问

第48届国际笔会在纽约举行，来自世界40多个国家的600多位代表参加了这次笔会。轮到陆文夫发言时，他侃侃而谈，淡定地发表自己的意见。

突然，有一位记者问陆文夫："陆先生，您对性文学怎么看？"这个问题很尖锐，对于含蓄的中国人来说，在公开场合回答并不合适。

陆文夫清了清嗓子，风趣地说："西方朋友接受一盒礼品时，往往当着别人的面就打开来看，而中国人恰恰相反，一般都要等客人离开以后才打开盒子。"

听众席里发出会意的笑声。

面对难以回答的问题，陆文夫别出心裁，借助一个充满睿智和幽默感的生动比喻，巧妙地回答了记者提出的敏感且棘手的难题，赢得了听众的认同。幽默口才就像春风一样令人心旷神怡，融化社交坚冰，拉近双方的感情，这就是巧用幽默打圆场在交际中的魅力和威力。

迟到的原因

有一位教师第一次到学校上课，很不巧赶上了一场大雨。由于打不上车，他只好徒步走向学校。当他撑着雨伞赶到授课地点时，学生们已经等了他十几分钟。

这位教师为自己的迟到深表歉意，他走上讲台，向同学们深深地鞠了一躬，然后说："非常抱歉，让同学们久等了。我是讲《公共关系学》的老师，可是今天和老天爷的关系没有处理好，所以他才下了一场大雨，以这种方式给我添堵。"

第一次给同学们上课就迟到，如果没有一个合适的理由，就会让自己下不来台，并且会严重影响个人形象。这个时候，与其连连道歉，倒不如巧打圆场。这样做，不仅更容易消除对方心中的不满，还能给他人留下一个好印象。

三招五式

在交际场合中，当遭遇窘境或尴尬时，我们可以通过幽默打圆场的方法将其诙谐化，化解尴尬。比如，我们可以采用故意"误会"的办法，装作不明白或故意不理睬他们的真实含义，做出善意的曲解，把局面朝有利于缓解尴尬的方向转化。

此外，交际中如果遇到比较敏感、严肃的问题使得彼此对立，阻碍交谈顺利进行时，也不妨用一些轻松、愉快的话题来活跃气氛，以此转移双方的注意力。

比如，交谈的话题太严肃时，可以运用幽默的话将严肃的话题淡化，使原本僵持的场面重新变得活跃，从而达到缓和尴尬的目的。

我们还可以使用类比法，把两种具有相似点的事物做一个比较，委婉提醒对方言行的失当。这种方法不像直言相告那样带有警告的成分，所以不会得罪人，既维护了人际关系，又达到了圆场的目的。

榜样力量

萧伯纳：于幽默中秀出好口才

萧伯纳，爱尔兰剧作家。1925年，因其作品具有理想主义和人道主义而荣获诺贝尔文学奖。他是现代杰出的现实主义戏剧作家，也是世界著名的擅长幽默与讽刺的语言大师，还是积极的社会活动家。他支持妇女的权利，呼吁选举制度的根本变革，倡导收入平等，主张废除私有财产。

趣味不能相投

萧伯纳享誉世界后，美国电影巨头萨姆·高德温想从萧伯纳那儿买下其戏剧的电影拍摄权，于是找到他说："您的戏剧艺术价值很高，如果能把它们搬上银幕，全世界都会为之陶醉。"这位电影巨头表达了他对艺术的珍爱，萧伯纳听了很高兴。

不过，后来他们并未达成协议，原因是萧伯纳不满意萨姆·高德温给出的价格。当萨姆·高德温问为什么时，萧伯纳风趣地说："问题很简单，高德温先生，您只对艺术感兴趣，而我只对钱感兴趣。"

萧伯纳的赞誉

一个英国出版商想通过得到大文豪萧伯纳对他的赞誉来抬高自己的身价。他心想：要想得到萧伯纳的赞誉，必须先赞誉萧伯纳。

一个偶然的机会，他看到萧伯纳正在评论莎士比亚的作品，于是对他说："啊，先生，您又评论莎士比亚了。是的，从古到今，真正懂得莎士比亚的人太少了，算来算去，也只有两个。"

听到这里，萧伯纳已经明白了他的意思，想让他继续说下去。

那个出版商接着说:"是的,只有两个人,这第一个自然是您萧伯纳先生了。可是,还有一个呢?您看他应该是谁?"

萧伯纳装糊涂说:"那肯定是莎士比亚自己了。"

心碎而死

一次,好友帕特里克·马奥尼和萧伯纳夫妇闲聊,当他们谈到名人的爱憎纠葛时,马奥尼问萧伯纳夫人:"您是怎样与您那吸引众多女性爱慕者的丈夫和平共处的?"

萧伯纳夫人没有直接回答,而是讲了一个故事。她说:"在我们结婚以后不久,有一位女演员拼命追求我丈夫,她威胁说,假如见不到他,她就要自杀,她就会心碎……"

马奥尼问:"那么,她有没有心碎而死?"

"确实如此,她死于心脏病。"萧伯纳插话说,"不过那是在50年以后。"

第三章
在公众面前发言,幽默让你独领风骚

台上台下的距离可能很近,演讲者和听众之间的心理距离却很远。因此,一个演讲者在演讲的时候,打破他和听众之间的隔阂很重要,而幽默正是消除双方心理距离,提高听众注意力的最有效、直接的手段。

幽默的开场白能征服听众

[英国] 沃尔特·司各特

幽默是多么艳丽的服饰,又是何等忠诚的卫士!它永远胜过诗人和作家的智慧;它本身就是才华,它能杜绝愚昧。

幽默引言

开场白要像写文章一样,必须安上一个"凤头",才能打造出成功的演讲。所谓成功的演讲,不是说你说的话要多有深度,或者在多么重要的场合发表,而是你的演讲能吸引听众的注意力,牢牢抓住听众的心,让听众把你的演讲真正听进心里去。

幽默的开场白能出色地完成这个任务,借助幽默的力量,演讲者可以轻而易举地打破严肃的气氛,使整个演讲的基调活跃起来,从而在第一时间拉近演讲者和听众的距离。

美国的一项调查得出了这样的结论:幽默的开场白是美国人最常使用的演讲开场白方式,而且不管演讲内容是什么,幽默的开场白都能发挥关键作用。我们身边的很多演讲确实都很严肃,这就更需要借助幽默来缓和气氛。

幽默小故事

别出心裁的开场白

钱钟书先生的《围城》中写到,方鸿渐留学回老家后,受到了隆重的欢迎。当地中学的校长请他发表演讲,他事先准备了稿子,到场后却发现稿子不在身上，此时听众已经在热烈鼓掌了，面对这样的场面，方鸿渐只好上场：

"吕校长，诸位先生，诸位同学：诸位的鼓掌虽然出于好意，其实是最不合理的。因为鼓掌表示演讲听得满意，现在鄙人还没开口，诸位已经满意地鼓掌，鄙人何必再讲什么呢？诸位应该先听演讲，然后随意鼓几下掌，让鄙人有面子下台。现在鼓掌在先，鄙人的演讲当不起那样热烈的掌声，反觉到一种收到款子交不出货色的惶恐。"

听众大笑。记录的女孩也含着笑，走笔如飞。

方鸿渐先否定大家鼓掌的行为，吊足大家的胃口，然后再给出合理的解释，这样幽默的开场白，自然深受听众的喜爱，也给人留下了风趣幽默的第一印象。

一般来说，我们对他人的第一印象会形成心理定式，并留下深刻的印记，正如一位演说家曾说的那样，"幽默很容易能给听众留下深刻印象，幽默的目的就在于让听众喜欢上演讲的人。如果他们喜欢演讲的人，那么也必定喜欢他演讲的内容"。

金庸的幽默开场白

有一次，金庸应邀到北京大学演讲。一上台，他就对同学们说："我刚从绍兴过来，在绍兴的兰亭，那里的人让我写字。我说，这可不行，这是书法家王羲之写字的地方，我怎么能写？他们不干，非要我写不可，于是我就写了一行'班门弄斧，兰亭挥毫'。今天，北大又让我在此讲学，又是一种怎敢当的心情，于是我又写了一行'草堂赋诗，北大讲学'。我是搞新闻出身的，做新闻是杂家，跟专攻一学的教授不同，如果让我做正式教师的话，那是完全没有资格的，幸亏我当的是你们的名誉教授。"

幽默的开场白引来了同学们会心的笑声和热烈的掌声。

金庸先生的开场白不仅体现出他的谦虚，还体现出他的幽默。简简单单的一段话，立即拉近了与听众之间的距离，营造出和蔼可亲的形象。

三招五式

　　幽默开场的方式千差万别，我们可以通过自我介绍、一段话、一个笑话等来进行。只要和你演讲的内容有一定的联系，就可以达到吸引听众的目的。著名学者胡适在一次演讲时，曾用这样的话做自我介绍："我今天不是来向诸君做报告的，我是来'胡说'的，因为我姓胡。"话音刚落，听众大笑不止，并报以热烈的掌声。胡适拿自己的姓氏开玩笑，一语双关，引人发笑的同时还表现出谦逊的态度。

　　我们还可以巧妙地从听众的好奇心和逆反心理入手，以实现幽默效果，快速抓住听众的注意力。比如，有位演讲者一上台就说："不好意思，各位，你们来错地方了，今天的演讲取消了。我想我们并不需要什么演讲，我们需要的是真心的沟通。那么，我们今天真心的沟通就开始了。" 一上台就跟台下的听众说演讲取消了，大家听了无疑都感到非常惊讶，纷纷猜测到底是怎么回事。这时听众的注意力已经全部落在了演讲者身上了，然后演讲者再公布答案："我们今天真心的沟通就开始了。"这样幽默的开场白，自然能有效地快速抓住听众的注意力。

　　总之，幽默的开场白能给你的演讲扬起一面风帆，让听众集中精神，在接下来的演讲中跟着你的思想遨游。可以说，有了一个幽默的开场白，就等于你的演讲已经成功了一半。

和听众套近乎，于幽默中贴近人心

[美国] 马克·吐温

幽默被人正确地解释为"以诚挚表达感受，寓深思于嬉笑"。

幽默引言

演讲是面向听众进行的，如果缺少了听众的积极参与，演讲就会失去它的意义。面对什么样的听众说什么样的话，才能使演讲有滋有味，深入人心。

优秀的演讲者善于和听众套近乎，他们能从听众感兴趣的方面谈起，找准自己和听众之间的共同点，或者选择与听众息息相关的幽默话题。当听众觉得你所说的内容很有意思时，就会迅速拉近和你的心理距离，产生志同道合的感觉，这样，演讲的目的也就达到了。

正因为演讲要"见什么人说什么话"，所以必须弄清楚听众属于哪类人，才能选择相应的幽默语言，给听众带去符合口味的演讲。这也就要求我们，在发表演讲之前，一定要预先了解听众的兴趣，选择对方熟悉的事情去聊，以引起听众的共鸣，这是一切成功演讲的关键。

幽默小故事

王小丫幽默谈罚款

王小丫在四川大学文化中心的舞台上曾做过这样的发言："我们在中央电视台，只要读错一个字，就会被罚200元。有时候四川话说多了，说普通话经常会出错,就经常被扣钱。我印象中最厉害的一次是,我那个月被扣得几乎就没领到多少工资。"

在大家的笑声中,小丫更幽默地补充道:"我看这趟成都跑下来,我回去一个星期的工资又没有了。"说到这里,小丫忽然发现,自己把"工资"两个字又说成了四川口音,她吐吐舌头,对着大家幽默地说:"你看,这又出去200了!"

王小丫一直是人们心目中喜爱的荧屏人物,大家慕名而来,虽然看见了她,但难免会觉得有距离感,王小丫却自爆在中央电视台被扣工资的事情,卸下了高高在上的央视主持人的光环,读错字音也让大家觉得很亲切,幽默一笑中就拉近了她和听众之间的距离。

县领导的方言报告

一天,县里一位领导到村里做报告,没有像别的领导那样"照本宣科",而是清了清嗓子,开口说道:"我十年前是来过咱们这个村子的,当初来参加工作交流会时,因为听不懂咱们村主任浓重的方言,还闹了不少笑话。现在我还记得他是咋说的哩。"

接着他有模有样地学了起来:"兔子们,虾米们,不要酱瓜,咸菜太贵啦!咸菜请香肠酱瓜……不要酱瓜,我酱个狗屎给你们舔舔……兔子们,今天的饭狗吃了,大家都是大王八!"

村民们爆发出了震耳欲聋的笑声。

原来县长把"同志们,乡民们,不要讲话,现在开会啦!现在请乡长讲话……不要讲话,我讲个故事给你们听听……同志们,今天的饭够吃了,大家都使大碗吧!"说成了方言。

村民被要求全部参加会议,本来大家都以为会像往常那样索然无味,妇女们拿着针线活,抱着孩子,男人们拿着扑克,都准备混过去无聊的报告演讲了。没想到县长一落座,一反常态,模仿了一段大家都熟悉的方言,幽默风趣,一下子就勾起了乡亲们的兴趣。这下子,整场报告大家都竖着耳朵认真听,再没有人分心做其他的事了。

三招五式

对于一些公众人物，听众往往怀有一种敬仰、钦慕之情，他们并不一定在乎演讲者的演说水平，而是为了一睹名人的风采。这个时候，演讲者描述一段自己的生活经历或者工作中遇到的问题，甚至自己的烦恼、自己的喜乐，就能在展现幽默口才的同时带给听众一种亲切感，缩短双方的感情距离。

有时候，出于强制要求或礼貌使然，我们不得不"聆听"一些不感兴趣的演讲，如工作报告、经验交流、会场庆典等。这个时候，演讲者要想勾起听众的兴趣，把话说到听众的心坎里，就要通过幽默的口才表达出你的真诚和对听众的尊重，以便快速和听众建立情感互联。

"善用乡音"也是一种非常好的演讲技法。中国地域广阔，很多地方都有属于自己的地方语言，即"方言"。在演讲和致辞中，恰当地使用方言和听众交流，也是和听众套近乎的好方法。

除此之外，演讲要想深入人心，时刻捕捉听众的情绪也非常重要。演讲中，如果发现听众对你所说的内容不感兴趣，就要察言观色，迅速找到对方感兴趣的话题，拉回听众的注意力。

来点幽默，轻松击破听众的刁难

[英国] 帕金森·鲁斯特莫吉

你不能老是板着面孔与人相处。幽默感是最重要的，它会使你的工作变得更为容易，同时也会给你的职工的生活带来深受欢迎的阳光。

幽默引言

所谓"众口难调"，在面对听众演讲时，你很难做到让每一个人都感到满意，听众有时会持有不同的意见，甚至有的人会刻意捣乱，故意刁难，提出一些刁钻古怪的问题。

特殊情况在所难免，这正是考验演讲者随机应变能力和智慧的时刻。如果你对听众的反对意见动怒、气馁或粗鲁应对，损害了自身的形象不说，这场演讲也必然惨败无疑。反之，如果你能用富有幽默色彩的语言机智地化解矛盾，捣乱者的计谋非但不能得逞，还会使演讲大放异彩，使你摆脱被动的处境，将演讲的气氛推向高潮。

演讲中的幽默就像温暖的春风，能够化解双方的矛盾，吹散人们心中的敌意，避免出现令人难堪的场面。

幽默小故事

于丹的幽默

于丹很喜欢紫色，在做电视节目或者外出讲学时，她常常穿一身淡紫色西装，颈间再配上一条深紫色的丝巾，十分雅致。

有一次，于丹做完讲座后，有观众指着她的衣服问："于丹老师，易中天老师品三国穿中山装，你却穿得很时尚、很西式，我认为你应该穿中式服装来讲《论语》才对啊！"

于丹听了幽默地反问道："你看，我现在裹小脚还来得及吗？"

演讲内容本身没有受到质疑，听众反而从演讲者的着装上入手，提出疑问，这样的问题，于丹回答与否并没有实际意义，点破问题的荒谬性自然就能化解对方的刁难。

因此，于丹没有给予正面回答，而是巧用归谬式推理，让观众听了忍不住哄堂大笑，掌声四起。她没有直接回答自己为什么穿这样的衣服，反而站在认同对方观点的角度，假定对方言之有理，然后以此为前提，提出一个更为荒谬的思路，从而论证了对方的观点是错误的。

虚伪的广告宣传

保罗·纽曼是美国著名的影星，他凭着精湛的演技与叛逆的形象，一度成为好莱坞最受瞩目的男演员。1982年，保罗·纽曼为了祝贺纽约布鲁克林大学新设电影系，特地访问该校，主持了新片《恶意的缺席》的试映会，并参加学生的座谈。

有一个学生愤愤不平地说："我从收音机听到这部电影的广告——最后一场是拼得你死我活的枪战场面，可是实际上，片尾非常平静，像这种虚伪的广告宣传实在要不得。"

这个学生说得义愤填膺，现场的气氛顿时变得十分紧张。保罗·纽曼回答说："我完全不知道广播电台的广告内容。"他顿了一下，接着说："不过，下一次的片尾一定会出现激烈的射杀场面。镜头上出现的是我用枪打死了那位电台播音员。"

演讲是实时的，难免会有意外情况发生。有时候听众虽然不是刻意为难演讲者，但提出的问题过于严肃，容易破坏演讲的氛围，将演讲牵引到不利的方向上去。面对义愤填膺的学生，保罗·纽曼的做法就很明智，他幽默的回答引起了听众的哄堂大笑，不但化解了紧张的气氛，还赢得了众多影迷的爱戴。

三招五式

面对听众的刁难，在难以应对或者不便反驳的时候，我们可以选择避其锋芒，从尴尬的氛围中巧妙脱身。脱身术的核心就是用幽默的语言转移大家的注意力，稀释严肃的气氛，将枯燥的道理形象化，让听众在会心一笑中忘却刚刚还在关注的焦点。这样的幽默能赢得人们的理解，更能体现出人们所需要的人情味。

其次，有时演讲现场会出现一些突发情况。比如讲台上的横幅突然掉了，自己突然说错话了，麦克风突然不响了，有陌生人突然闯入等，这个时候，我们没必要去谈突发事情本身，大可一边保持微笑，一边避实就虚，用其他的话语转移听众的注意力。比如说"大家太热情了，横幅都掉了/连麦克风都坏了""我见到大家太高兴了，激动得话都说错了"，也可以用掌声化解突发状况，如"讲了一半还有人赶过来捧场，大家掌声鼓励下"。

除了刁难和意外，有时演讲者还会遭遇听众恶意地咒骂和人身攻击，这时千万不要一时冲动，与对方对骂，更不要一味逃避，漠然视之，如果处理不当，整场演讲都将受到影响，难以顺利进行。

为了应对演讲中可能出现的突发状况，我们最好事先收集一些即席的幽默笑话，或者奇闻逸事，以便于在关键时刻拿出来救场。平时多注意积累，坚持浏览、收集即席的妙语、笑话，这可以潜移默化地提升我们的幽默水平，再加上放松的心态，面对演讲时的突发状况才能更加从容。

发言短小精悍，更能发挥"笑果"

[英国] 斯威夫特

有许多真实的话都是在笑话中讲出来的。

幽默引言

有人认为演讲越长越好，实际上恰恰相反，一些篇幅很长又没有内容的演讲，就好像"王婆的裹脚布"一样又臭又长，听众听了昏昏欲睡不说，还会心生厌烦。而聪明的演讲者会将自己的意思浓缩成简短的文字，并在精简的演讲中加入幽默元素，一方面让听众觉得意犹未尽，一方面又能放大幽默的效果。

中国著名的文学家林语堂说过："演讲必须像女孩子穿的迷你裙一样，越短越好。"这说明短小精悍的演说更能吸人眼球，就像一粒沉甸甸的石子，在听众平静的心湖里激起层层波浪，让人称道与回味。

当然，并非所有简短的演讲都能取得好的效果。演讲除了短小之外，还要精彩、幽默、有分量。

幽默小故事

请新娘放心

中国著名学者马寅初先生担任北京大学校长期间，有一次去参加中文系郭良夫老师的结婚典礼。贺喜的人们发现校长亲临，情绪顿时高涨，鼓掌欢迎马校长即席致辞。马寅初先生本来没有想到要讲话，但是置身于喜庆的环境里面，又不能强行违背大家的意愿，但是，讲什么呢？事出突然，马校长并没有什么准备，突然，他灵机一动，就说了一句话："我想请新娘放心，因为根据新郎大名，他就一定是位好丈夫。"

人们听了马校长的这一句话，刚开始都感到莫名其妙，不知道是什么意思。但是再联想一下新郎的大名，很快大家都恍然大悟了：新郎的名字叫"良夫"，不就是好丈夫的意思吗？于是大家都哈哈大笑起来。

虽然马寅初先生只说了短短一句话致辞，但是这句话不仅让新郎新娘收到了美好的祝福，也逗乐了在座的宾客，为婚礼增添了喜庆气氛，可谓妙语天成。

坚守岗位

某工厂举办了一场演讲会，演讲者方小宇一出场就说："我给大家演讲的题目是《论坚守岗位》。"

说完这句话后，方小宇就走下演讲台坐回了自己的位置，观众先是一愣，接着一片哗然，甚至有人感到荒唐。在这种状况下，两分钟后方小宇又回到讲台上，对听众说："我在演讲时离开讲台，大家是不是觉得不能容忍？那么，工作时间擅离生产岗位，岂不是更加让人无法容忍，更应该受到谴责吗？我的演讲完了，谢谢大家！"

方小宇的演讲一结束，现场就响起了一阵热烈的掌声，显然大家都很喜欢他的演讲。相对于别人的长篇大论，他的演讲可以说是短小精悍了，但是他借助下台这个行为，用实际行动让听众明白了擅离职守的不良影响，有效印证了自己的观点。听众听得过瘾，记得牢靠，演讲自然也就取得了成功。

三招五式

在公众面前发言，要想做到既短小精悍，又具有幽默效果，需要掌握以下几个技巧：

1. 明晰思想，精确主题

大家经常会遇到这种情况：公司召开会议，某个领导说："就这个问题，我谈三点……",结果这三点谈着谈着就没点了。这种情况正是由于主题不够精确导致的。

没有人想听别人废话连篇,演讲要做到潘长江在小品中所说的"浓缩的都是精华"那样。先想好自己要表达的主题,再围绕着中心主题延伸、展开发言,就不会出现长篇大论、刹不住闸的现象。

2. 三段式演讲

演讲并不是要你"知无不言,言无不尽",听众也不在乎你肚子里装着多少"存货",大家都只想听最有趣、最重要、最熟悉的部分。因此我们可以通过三段式来进行演讲:

开场讲观点——"我是一块砖!"

中间讲佐证——"为什么是一块砖呢?有两层含义:第一层含义是,我在工作上是一块砖,哪里需要哪里搬;第二层含义是,我的性格像一块砖,很硬!"

最后留悬念——"请大家记住我,以后接触起来你们还会发现我更多的特点……"

3. 抖开包袱,彰显"笑果"

制造"笑果"的重要技巧之一就是"抖包袱"。"包袱"是相声的术语,指的是经过细密组织、铺垫,达到的喜剧效果。我们在发表演讲时,不要把"道理""观点""笑点"直白地说出来,最好通过巧妙的表达方式,让听众意会,达到会心一笑、醍醐灌顶的效果,就像用各种细节语言包裹着笑点,在最后一刻突然抖开包袱,呈现笑点。

豹尾，让听众在笑声中回味无穷

[中国]钱钟书

一个真有幽默的人，别有会心，欣然独笑，冷然微笑，替沉闷的人生透一口气。

幽默引言

俗话说："织衣织裤，贵在开头；编筐编篓，重在收口。" 演讲的结尾，可说是演讲的"收口之作"，就像一篇好文章，除了有引人入胜的开头，还应该有耐人寻味的豹尾。所谓"豹尾"，是指结尾时笔法要简洁、明快、干净利落，犹如豹尾劲扫，响亮有力，给读者以咀嚼回味的余地。

但是如何打造出响亮的豹尾却不是件容易的事，什么样的结尾才能让听众觉得"余音绕梁，三日不绝"呢？

在多种多样的演讲结束语中，幽默式结尾可以说是颇能拨动听众心弦的一种。一个演讲者能在演讲结束时博得阵阵笑声，不仅会给听众留下深刻的印象，也是演讲圆满结束的标志，更重要的是，这样的结尾还是演讲者演讲技巧十分成熟的展现。

幽默小故事

老舍的幽默

中国著名作家老舍是一个幽默的人。在某市的一次演讲中，他开头就说"我今天在这里给大家谈六个问题"，接着，他第一、第二、第三、第四、第五，言简意赅、有条不紊地谈了下去。谈完第五个问题后,他发现已经快到了散会的时间,于是他提高嗓门,一本正经地说:"第六,散会。"听众起初听了一愣,不过马上就回过神来,愉快地鼓起了掌,疲劳和倦意也在笑声中一扫而空了。

结束语是演讲的重要组成部分,通常情况下,演讲的结尾不应该冗长拖沓,更不应画蛇添足,而幽默的结束语能使演讲收到意想不到的效果。

老舍先生知道散会的时间到了,没有选择按照事先准备的内容去讲,而是在合适的时机戛然而止,幽默而又利索地结束了演讲。老舍在这里运用的就是一种"平地起波涛"的造势艺术,打破了正常的演讲内容,出乎听众的预料,营造了幽默的结果。

总结性发言

在某大学中文系的毕业典礼上,首先是系党总支书记讲话,主要是向毕业生表示祝贺。然后是彭教授讲话,主题是希望同学们继续努力学习,还引用了列宁的名言。第三个讲话的潘教授朗诵了高尔基的《海燕》片断,以此勉励毕业生们学习海燕的精神。第四个讲话的系副主任希望同学们永远记住母校和老师们。紧接着,毕业生们欢迎王教授讲话。

在毫无准备而又难以推辞的情况下,王教授站起来,他想了想,一字一顿地说:"前面几位给大家提出了殷切的希望,可我还是喜欢说他们说过的话。(笑声)第一,我要祝同学们胜利毕业!(笑声)第二,我希望同学们'学习、学习、再学习'。(笑声)第三,我希望同学们像海燕一样勇敢地搏击生活的风浪。(笑声、掌声)第四,我希望同学们不要忘记母校,不要忘记辛勤培育你们的老师们!"

美国《星期六晚报》的主编说过:"我把文章刊登在最受欢迎的地方,就结束了,而在演说上,当听众达到最愉快的顶点,你就应该设法早些结束了!"

王教授在典礼进行了大半的时候发言,前面四位老师已经把要说的内容讲述得差不多了,这个时候就该考虑"收口"了。通过对前面四段演讲主题的提炼和归纳，他完成了一次机智、幽默而且让人印象深刻的演讲。

三招五式

精彩的结尾不需要拖沓、枯燥，应该尽量避免那些人云亦云的客套式的结束语，比如"谢谢大家""我的演讲结束了，再见"，幽默生动的结尾才应该是演讲者追求的目标。以下几点是制造幽默结尾的有效方法：

1. 言简意赅，耐人寻味

"一篇之妙，在乎落句"，好的演讲不能只有凤头，还应该有简洁有力的结尾。如果你开始演讲时主题鲜明，角度新颖，让观众听了耳目一新，结果说到最后却含混不清、陈词滥调，那么演讲效果势必会大打折扣。

2. 加深印象，收束全篇

当众讲话要考虑如何风趣地结束，幽默的结尾能帮你牢牢抓住听众的注意力。借助幽默能激起听众的热情，让演讲显得生动活泼，加深听众对演讲的印象。所以，无论你的演讲技巧怎么样，如果你能在结尾时表现得生动有趣，同样能营造出余音绕梁的效果。

3. 呼应开头，浑然一体

结尾与开头要呼应，在演讲中，结束的语言要既呼应开头，又不简单重复，这样能唤起听众心理上的美感，产生一种首尾圆合、浑然一体的感觉。

榜样力量

马云：幽默感成就社交力

在现代交际中，是否能说、是否说得好影响着一个人的成败。幽默是智慧与才华的显露。在平静的生活中，幽默是湖水中的涟漪；在豪迈的奋进中，幽默是激流中的浪花；在失败的困境中，幽默是黑夜里的星光。马云作为阿里巴巴集团的创始人，在公众场合的发言极富幽默感，有很多被人们视为经典。

不一样的承诺

马云在一次演讲时说："阿里巴巴公司不承诺任何人加入阿里巴巴会升官发财，因为升官发财、股票这些东西都是你自己努力的结果，但是我会承诺你在我们公司一定会很倒霉，很冤枉，干得很好领导还是不喜欢你，这些东西我都能承诺，但是你经历这些后出去一定满怀信心，可以自己创业，可以在任何一家公司做好，你会想：因为我阿里巴巴都待过，还怕你这样的公司？"

主要看性别

有一次，马云在香港开会，记者问："现在，你们公司资金这么少，如果竞争对手起来了，怎么才能保证你们公司活下去？你对'一山难容二虎'怎么看？"

马云："主要看性别。"

记者茫然。

马云接着说："我从来不认为'一山难容二虎'正确。如果一座山上有一只公老虎和一只母老虎，那样，就是和谐的。"

虚虚实实

在一次演讲时，马云说："我既要扔鞭炮，又要扔炸弹。扔鞭炮是为了吸引别人的注意，迷惑敌人；扔炸弹才是我真正的目的。不过，我可不会告诉你我什么时候扔鞭炮，什么时候扔炸弹。游戏就是要虚虚实实，这样才开心。如果你在游戏中感到很痛苦，那说明你的玩法选错了。"

第四章
玩转幽默，化尴尬于无形

遭遇意外状况，言行失态，不得不拒绝他人……你肯定经历过这些猝不及防的情形，也有过事后才追悔莫及的心情，"当初要是冷静点就好了""不应该那么说"，面对这些尴尬的场面，其实最有效的解决方法就是幽默。装糊涂，随机应变，自我嘲讽，诙谐调侃……本章就针对不同的情况同大家谈一谈幽默应对的方法。

人生哪有不出糗，不妨自嘲一把

[中国] 鲁迅

　　用玩笑来应付敌人，自然也是一种好战法，但触着之处，须是对手的致命伤，否则，玩笑终不过是一种单单的玩笑而已。

幽默引言

　　有时候因为一两句话，或是某个行动，不知不觉就会让我们陷入某种尴尬境地。特别是涉及自身缺陷等问题的时候，常常会让人倍感窘迫。

　　谁都不喜欢出糗，尤其是在众人面前。当陷入窘境时，有的人惊慌失措，六神无主；有的人愤怒沮丧，想要逃避；还有的人怒不可遏地反击。其实，逃避不是良方，反唇相讥也只会引来更多的嘲笑，乱上添乱。

　　遇到这种情况，别人很难为你解围，这个时候，大方地承认自己的不足，幽默豁达地自嘲一把，反而能在博大家一笑的同时化解所谓的难堪，还能展示出个人的坦诚、睿智，赢得大家的好感。

幽默小故事

两根棒儿

　　当代著名指挥家卡尔·贝姆在东京的演奏会后被请去吃消夜。

　　席上没摆刀叉，他只好拿起一双筷子。可是因为不会使用，夹来夹去，他还是夹不起一盘中的食物。席上众人的注意力都被吸引了过来，一时间，卡尔·贝姆感到非常尴尬。

最后，他盯着手中的筷子自嘲地说："一根棒儿可以使我赚许多钱，但是这两根棒儿，恐怕会把我饿死。"

指挥家面对尴尬和窘迫时，用机智、幽默巧妙地为自己解嘲。在外国举行演奏会，又是被宴请，他的一举一动都是在场的人关注的焦点。这个时候，稍有不慎就会自毁形象。卡尔·贝姆神色不改地通过自嘲为自己解了围，反而显得豁达而又自信。

社交中突如其来的状况很多，许多难以预料的事情都会发生。由于自身的原因导致陷入窘迫的处境还好说，有时候我们会因为别人的言行而被动地出糗，斥责他人无疑会破坏自我形象，让他人下不来台，使气氛变得更尴尬，这个时候就更需要幽默来帮忙。

不必费心

老张带过的学生搞了一个聚会，聚会上大家觥筹交错，学生们纷纷给老张敬酒，感谢他的栽培。这时，有个学生在敬酒时一不小心把啤酒倒在了老张的头上，他惊呼一声，愣在那里。

眼看着大家的视线都落在了自己身上，老张摸了摸他那谢了顶的头，对他的学生说道："别费心了，我这里是荒地，浇什么也没用了！"

学生们听后，不禁捧腹大笑起来。

面对突如其来的尴尬场景，老张没有闪躲，更没有表现出恼怒的情绪，而是十分幽默地把被倒酒的事情和自己的谢顶联系到一起，引得大家哄堂大笑。这样，不仅将自己从窘迫的境况中解救了出来，还给了倒酒的学生一个台阶下，从而更显得自己宽容大度，幽默风趣，可谓一举两得！

三招五式

人生在世，出糗在所难免，关键是懂得用自嘲突出重围。要想运用好自嘲，就要掌握以下几个要点：

1. 要有足够的自信

在出糗的情况下，人难免会神经紧张，这时很难幽默起来，所以你必须要有充足的自信，这是自嘲的前提条件。自信的人能很容易地以轻松的心情来面对自己的糗态，坦然承认自己的不足，甚至可以用这种不足来开玩笑。

2. 必须足够了解自己

只有自知，才能认识到自身所具有的缺陷，而只有认清了自己的不足，才能在遭遇尴尬时巧妙借助自己的缺点来自嘲。

3. 要能放下一些自尊

一个人如果把面子看得太重，势必不愿让他人看到自己丝毫的不足，但百般维护自己未必就会给人留下完美的印象，相反，拿自己的不足开玩笑反而给人富有幽默感的感觉，窘境之中敢于自嘲，就是一种化消极现实为积极情绪的幽默。

4. 运用自嘲要适可而止

自嘲确实能帮我们化解窘况，但运用它时要格外慎重。通常情况下，最好"点到为止"，让人意会即可，不要自鸣得意、喋喋不休，否则就会适得其反。

气氛骤然变冷，用幽默来"解冻"

[日本]大平正芳

幽默：可以说是能给人以微妙感的调剂生活的佐料。由于某种轻巧的幽默，就可以使当时的气氛为之改观，使陷于僵局的悬案豁然解决。

幽默引言

气氛是看不见摸不着的，却能在人际交往中实实在在地影响我们。生活中经常会发生这样的事情：有的人太专注于自身，说了或问了让人难以回应的话语；别人不小心触到了你的伤疤，让你窘迫万分；有人提了一个沉闷的话题，没有人响应……

活跃的气氛由于种种原因突然间变得低沉，大家都找不到合适的话题打破冷寂的局面。为了交流能继续进行下去，就需要我们对气氛进行调节。而幽默可以帮我们打破沉寂的局面，消除彼此的心理隔膜，使气氛活跃起来。

幽默小故事

第一个人

在庆祝登月成功的记者招待会上，有一位记者出人意料地问了奥尔德林这样一个特别的问题："阿姆斯特朗先下去了，成了登月的第一个人，你会不会觉得很遗憾？"

大家突然安静下来，气氛变得很尴尬，连阿姆斯特朗的表情都很不自然。而奥尔德林面色不改，轻松地笑道："你们要知道，当回到地球时，我可是第一个走出太空舱的人啊！"他环顾了一下四周，接着说："所以，我可是由别的星球过来，踏上地球的第一个人！"

我们都知道，第一个登上月球的人是阿姆斯特朗，实际上，第一次登月的有两个人，另一个人就是奥尔德林。只不过由于阿姆斯特朗踏出了登上月球的第一步，因此成了明星，变成了家喻户晓的人物。

案例中，记者的问题明显属于哪壶不开提哪壶，让气氛骤然变得十分尴尬。然而，奥尔德林机智地运用逆向思维组织语言，说自己是"由别的星球过来，踏上地球的第一个人"，可谓出人意料。他的一句话不但化解了尴尬，还引起了全场记者的连连称赞，并对他报以了雷鸣般的掌声。

熏陶

有一位教授，他学问高深，为人风趣，但有一个毛病，那就是烟不离口，上课时也免不了要吞云吐雾一番。有一天，坐在第一排的一个女同学实在被烟味熏得受不了了，便咳嗽着打断了教授的教学，大声说道："教授，您可不可以不要抽烟啊？呛死了！"

原本欢声笑语的氛围一下被打破了，这时，只见教授略微地沉吟了一会，便把烟头灭了，抬头说："既然你不愿意接受我'熏陶'，那我也就不勉强了。"

心理学家凯瑟琳说："如果你能使一个人对你有好感，那么，也就可能使你周围的每一个人甚至是全世界的人，都对你产生好感。只要你不只是到处与人握手，而是以你的友善、机智、幽默去传播你的信息，那么时空距离就会消失。"

例子中的教授正是利用幽默的力量，将与学生之间的空间距离打破了，一个"熏陶"一语双关，引得学生会心一笑的同时，彼此之间的交流也就顺畅了，被"冷冻"的气氛自然也就重新恢复了平和欢快的状态。

三招五式

缓解低沉的气氛,最重要的还是幽默的心态。老舍先生有篇文章《谈幽默》,其中写道:"所谓幽默的心态就是一视同仁的好笑的心态……它表现着心怀宽大。一个会笑,而且能笑自己的人,绝不会为了件小事而急躁怀恨。"

所以,当别人说了一些话或做了某些事,破坏了原本的气氛,这时不要花过多时间去琢磨:"为什么他要这么对我?""为什么他要这么做?"对方不一定是故意为之,有可能仅仅因为心里憋不住事,试图一吐为快,或者大大咧咧,意识不到自己的做法会干扰到其他人。

最有效也最方便的补救方法就是让别人放松,通过夸张、类比等语言技巧,或者借助自身的、他人的幽默故事,让大家在笑声中化解冰冻的气氛,迅速拉近彼此的距离,消除尴尬。

当然,如果有的人第二次使大家感到窘迫,你可以表现得相对严厉些,委婉劝诫或者当场制止他。需要注意的是,不管你采用什么办法,一定不要发火,不要让自己表现得失态,而需要用幽默的心态去面对,调动智慧的力量去解决,做一个在任何场合下都能掌控气氛的人。

委婉说"No"，让对方被拒绝也愉快

[奥地利] 西格蒙德·弗洛伊德

并不是每个人都能具有幽默态度。它是一种难能可贵的天赋，许多人甚至没有能力享受人们向他们呈现的快乐。

幽默引言

大多数人都会遇到这样的情况，别人对你提出了某种请求，你难以提供帮助，但碍于面子或利益关系，又不便直接拒绝。确实，生活中难免有"盛情难却"的时候，勉强答应别人只会苦了自己，那么如何说"不"才能既达到自己的目的，又不会引起尴尬呢？这时幽默就可以发挥它的作用了。

用轻松诙谐的话语拒绝对方，制造一个婉转、含蓄、幽默的语境，能让别人更容易接受你的拒绝。因为，风趣幽默的语言给了别人一个台阶下，那对方就不至于产生抗拒心理，有时还会使别人高高兴兴地接受你的拒绝。

幽默地拒绝别人也是一门艺术，只要把握好时机，并运用一定的幽默技巧，就能达到让别人知难而退的目的。

幽默小故事

红头文件

周末，几个铁杆哥们非要拉着小李去打麻将，可小李并不想把时间浪费在牌桌上，但是又碍于哥们的面子，于是笑着说："家务缠身啊，最近上头下

了'红头文件'，从这个周末开始，实行家务'承包责任制'，并且分工明确，责任到人：老婆负责洗衣做饭，我主管刷碗拖地、辅导孩子功课、陪她逛街购物。周末你们是歌声笑声麻将声，而我只能在厨房里唱'洗刷刷、洗刷刷'了……"

大伙笑着说："那还是别拉你下水了，在家做个'三好男人'吧，干家务活时悠着点啊！"

小李的拒绝可谓机智幽默、别具一格，他先表明自己不去打麻将是因为家务缠身，然后使用"红头文件""承包责任制""洗刷刷"等让人忍俊不禁的词语，在自我嘲讽中道明了不能同去的理由，惹得大家哈哈大笑的同时还不忘关心他，嘱咐他"悠着点"。

如果小李一味地说"我不想去，你们去吧"，或是找个普通的借口，能不能拒绝成功且不说，势必会扫了哥们的兴，惹得大家不高兴。而摆出"妻命难违"的姿态，就在巧妙应变中拒绝了朋友的盛情。

我也能

罗斯福在就任总统之前，曾在海军担任要职。有一次，他的一位好朋友向他打听海军在加勒比海一个小岛上建立潜艇基地的计划。

这个问题显然不好回答，这属于非常机密的问题，是不能外泄的，但是直接拒绝朋友的话，又会让对方觉得尴尬。于是罗斯福神秘地向四周看了看，压低声音问道："你能保密吗？""当然能！"朋友十分肯定地答道。罗斯福微笑着说："那么，我也能。"

罗斯福风趣幽默的语言，帮助他既不伤害朋友的感情，又坚守住了自己的原则，可见幽默是个很好的拒绝他人的方式。

在与他人的交际中，我们也不免遇到这样的情况，那就是别人会问一些我们不愿意回答的问题，避而不答会显得我们非常不礼貌，而像罗斯福这样，用幽默的方式来回避，就会简单、方便得多。

三招五式

1. 先倾听对方

认真倾听对方的要求是给出拒绝回应的前提，认真倾听别人的诉求，可以让对方感到被尊重，促使双方形成一个友好的交流氛围。如果别人说话的时候，你表现得漫不经心、东张西望，那么不管后面你用多么幽默的语言来表示拒绝，对方也只会觉得你是在敷衍他。

2. 通过调侃来分散对方的注意力

既然无法满足对方提出的不合理的要求，不妨通过幽默的语言或故事来传达你的"弦外之音"，暂时中断对方的"盛情"，对方意识到你的难处后，自然就不会"苦苦相逼"。

3. 自嘲式拒绝

直接拒绝别人会让对方觉得没面子，觉得非常扫兴，这时不妨找自己身上一个与对方要求相关的缺陷或借口，幽默风趣地自我嘲讽一番。例如你的朋友邀请你一起打扑克，如果你不想参加，就可以用"我的牌技实在是太烂了，实在是上不了台面"这样的理由加以回绝。

4. 归谬式拒绝

对于那些过分的要求，如果不方便直接拒绝，也可以反其道而行之，先全盘接受，然后再以此为基础，推出一些更加荒谬、不现实的结论来。对方听了，自然也就能认识到自己要求的不合理之处。

遇到困难别发愁，幽默一笑能解忧

[英国] 萨克雷

可以说，诙谐幽默是人们在社交场上所穿的最漂亮的服饰。

幽默引言

18世纪的哲学家康德说过，"幽默是人们用来解决生活困难的三部曲之一"。人生不可能总是一帆风顺的，总有遇到困难的时候，过于气馁只会进一步放大困难。当我们身处困境时，不妨用幽默调侃的心态来消除忧愁，缓解压力，这样不仅有利于自身心理健康，还有可能在轻松活跃的气氛中解决掉原本棘手的问题。

幽默代表的不仅是一种生活态度，更是一个人成熟、睿智的体现。身处泥潭还能微笑面对的人，一定是有着强大内心的人，这时展露的微笑代表的是对困难的调侃和对生活的热爱。

对于暂时不能解决的困难，幽默是一剂良药，能给予即将沉沦的心灵再次焕发生机的能量；对于能解决但是需要想办法应对的困难，其本身就代表一种成长的机会，幽默应对，能帮你朝着人生更好的阶段迈进。

幽默小故事

卓别林智斗歹徒

天才喜剧大师卓别林也遭遇过歹徒打劫，当时由于被歹徒用枪指着脑袋，卓别林无法抵抗，但又不甘心就这么被抢，于是他先顺从地乖乖奉上钱包，然后可怜兮兮地对歹徒说:"兄弟,我和你商量一下,这些钱不是我的,是我老板的,如果你把这些钱拿走了,我老板一定会认为是我私吞了公款。拜托你在我帽子上打两枪,证明我被人打劫了。"

歹徒心想,有了这笔巨款,打两枪算什么,于是对着卓别林的帽子射了两枪。卓别林却再次恳求道:"兄弟,可否在我的衣服和裤子上再各补两枪,让我的老板更深信不疑。"

四肢发达、头脑简单的歹徒被钱冲昏了头脑,他不假思索,按照卓别林的要求统统照做,6发子弹就被他射光了。这时,只见卓别林一拳挥过去,歹徒被打昏了过去,卓别林赶紧取回钱包,喜笑颜开地离开了。

卓别林在遇到困难时仍能保持稳定的情绪,机智灵活地给予回应,从而能够化险为夷,用幽默化解困境。幽默的人往往具备创新精神,一个人要想激发出幽默,必然要摆脱理性思维和固有意识的束缚,这样才能打破常规,摆脱困境。

莫言幽默答记者问

莫言获得诺贝尔文学奖之后,瑞典媒体一度质疑结果"不公平",因为评委、汉学家马悦然与莫言有私交。莫言直接为马悦然"鸣冤"。他说:"我和马悦然之前总共见过三次面。第一次在香港,我给了他一支烟;第二次在台湾,他给了我一支烟;第三次在北京,我又给了他一支烟。我和他,三支烟的关系,他多抽了我一支烟。不过,马悦然对中国古典文学的知识令我佩服。"

瑞典媒体仍不满意莫言的解释,追问道:"如果是这样,那你为何称马悦然为'亲爱的'呢?"莫言巧妙地回复说:"我第一次到欧洲,与一个意大利女孩有一面之缘。结果,她给我写信,抬头就是'亲爱的莫言'。当时看得我心潮澎湃,以为她对我有意思。我的朋友告诉我,这只不过是外国人出于礼貌的习惯而已,不要做太多联想。"

这是2012年莫言获得诺贝尔文学奖后,在瑞典首都斯德哥尔摩首次公开亮相时的谈话。面对各路媒体将近一个小时的"刁难",莫言用幽默风趣的话语将记者们抛给他的难题一一化解，并多次逗笑了"难对付"的媒体记者。

三招五式

　　社会交往中，幽默会让你更快地走出困境。生活中如果多一点趣味和轻松，多一点笑容，多一份乐观与幽默，那么就没有什么困难是克服不了的，也就不会出现整天愁眉苦脸、忧心忡忡的状态。

　　幽默的心态可以帮你减轻自身的压力，同时能拉近你与他人的距离。所以，当你遭受挫折时，不妨来点阿Q的"精神胜利法"，平衡心态，制造快乐。比如"吃亏是福""破财免灾"，冷静面对困难，幽默应对挫折。

帮人帮己，用幽默给他人解围

[英国]李卡克

幽默可谓对生活不调合部分善意的考虑以及艺术的表现……而幽默的根本则是人性善良的一面。

幽默引言

有句话说得好："智者善于替人解围，愚者逸事避而远之。"意思是说聪明的人在他人需要的时候会伸出援手，不失时机地为人扶危解困，从而赢得更多的友谊；而愚蠢的人却往往会对与自己无关的事避而远之，认为闲事不如不管，落个清闲自在，结果却把自己陷入孤立之中。

懂得用幽默帮他人解围的方法，无疑能帮你收获更多好人缘。有时候几句得体的幽默妙语，就能为他人解围，也能给自己铺下一条宽阔顺畅的大道。而且，幽默中闪现的是一个人的聪明才智，既能帮人解困，又能使自己的形象得到提升，可谓一举两得。

幽默小故事

南周北范

为了给某电影宣传，范冰冰和韩寒曾一同出席某大型记者会。现场有记者见缝插针地向范冰冰提问："一线女演员中，目前只有周迅和你还在坚持拍文艺片，所以有的媒体称'南有周迅，北有范冰冰'，也就是'南周北范'，你对此有什么感想？"

由于问得突然，一向懂得应对媒体的范冰冰也没了主意，这时，只听韩寒出"口"相助道："我觉得这句话的意思就是，《南方周末》应该成为北方报业的典范。"

此语一出，现场顿时哄堂大笑，范冰冰的尴尬也随着这笑声而荡然无存了。如果按照常规回答，不仅"吃力"，还很可能"不讨好"，而韩寒聪明地避开了问题，用别出心裁的解释化解了问题的锋芒，其中的幽默和智慧不仅惹得大家捧腹大笑，还帮助范冰冰走出了尴尬的境遇。

学习之路多坎坷

张老师和王老师在同一所高中教学，两个人早些年因为一些矛盾，相互之间一直不说话，这已经成了学校公开的秘密。有一次，学校组织召开家长会，张老师和王老师作为优秀老师代表，都在主席台上就座。轮到王老师讲话时，他发现自己将演讲稿落在了台下，便下台去取，返身回来时，由于没看清台阶，王老师一不留神栽倒在了台阶上。

"哈哈哈！"台下爆发出震耳欲聋的笑声。王老师的脸涨得通红。

这时，主席台上的张老师连忙接过话筒，指着台阶说："同学们，家长们，你们看，王老师是想用实际行动告诉我们，学习不易，上一个台阶是多么困难啊！"

说话的时候，王老师已经站起来继续往上走了，张老师接着说："一次不成功没什么，王老师是想告诉我们这样一个道理：学习之路多坎坷，只要坚持、不气馁，就一定能够登上成功的顶峰！"

张老师的话赢得了台下学生和家长的热烈掌声，王老师落座后，对张老师回报了一个感激的微笑，两人多年来的矛盾也被化解了。当然，张老师恰当的几句幽默解释，也给在场的人留下了深刻的印象，让人对他的机敏反应赞叹不已。

所谓"帮人就是帮己"，我们身边的朋友有时候不善言辞，举止不当，陷入了难堪的境地，这时候你如果能发挥幽默的天赋，说上几句妙语，就能巧妙分散大家的注意力，将朋友从尴尬的境遇中拯救出来，你们的友谊自然也就更加坚固了。

三招五式

　　幽默不是单纯地耍嘴皮子，不是油腔滑调，而是要在瞬息之间抓住灵光一闪的思路，随机应变。生活中的事情很多都有两面性，对与错、利与弊都是相对的，我们在帮助他人解围时，要辩证地看待问题，这样才能从独到的角度制造幽默，令人化怨为喜。

　　生活中一味地关注自己当然不能为别人解困，留意身边的人就能发现，热心肠的人要比自私冷漠的人拥有更多朋友，生活得也更快乐。所以，不要把个人得失看得太重，该出手时就出手，用幽默妙语解他人之困，会对我们增进与他人的人际关系大有裨益。

　　对于第三者怀有恶意的攻击而造成的尴尬场面，不需要硬碰硬地反击，怀着充分的善意，从幽默的角度出发帮助他人解围，定能赢得更多人的信任。

榜样力量

丘吉尔：幽默是生活的调味剂

众所周知，多么高级的厨师做菜也少不了作料。虽然大多数作料没有什么营养价值，但是它能调剂人的口味，增强人的食欲，使人胃口大开。同理，幽默可谓生活中的作料佳品。德国著名学者海因·雷曼麦说得好："用幽默的方式说出严肃的真理，比直截了当地提出更能让人接受。"

英国首相丘吉尔不仅是一位声名卓著的政治家、军事家、外交家、作家、历史学家，也是一位机敏睿智的幽默大师。他思维敏捷，语言机智，常常用诙谐幽默的语言化被动为主动，维护自己的形象和声誉。由此，他被英国人亲切地称为"快乐的首相"。

祝贺生日

在丘吉尔75岁生日的茶会上，一名年轻的新闻记者对丘吉尔说："真希望明年还能来祝贺您的生日。"

丘吉尔拍拍年轻人的肩膀说："我看你身体这么壮，应该没有问题。"

去他的丘吉尔

丘吉尔是极富有幽默感的一位领袖，有一次他应邀去广播电台发表重要演讲。他叫来一辆计程车，对司机说："送我到BBC广播电台。"

"抱歉，我没空。"司机说，"我正要赶回家收听丘吉尔的演说。"

丘吉尔听了不禁大为惊喜，便随手掏了一英镑给司机。

司机这下来劲儿了，高兴地叫道："上来吧！去他的丘吉尔！"丘吉尔愣了一下，旋即大笑着随声附和："对，去他的丘吉尔！"

丘吉尔争当演员

美国影片公司要拍一部有关丘吉尔生平的电影,并征得了丘吉尔的同意。在这部影片中,要出现丘吉尔65岁和86岁时的镜头,由一位名叫查理斯·罗福顿的电影演员扮演这一角色。当丘吉尔知道罗福顿由于扮演这一角色,将获得一大笔费用时,他声称:"第一,这个演员太胖;第二,他太年轻。与其让他去扮演可以得一大笔钱,倒不如由我自己来扮演更合适。这笔钱应该由我来赚。"

第五章
不必要的冲突，用幽默来化解

人际关系是我们生活中的重要组成部分，与人交际时难免会出现摩擦和矛盾，缺少幽默感的人会把事情弄得越来越僵，富有幽默感的人却能将怒气化为豁达，走到哪里都受欢迎。所以人们说"笑是两人间最短的距离"。

幽默沟通，化干戈为玉帛

[古希腊] 高尔克亚

幽默与严肃互为验石，因为不愿接受善意的玩笑，其中必有疑处，而经不住审度的玩笑也一定是智慧。

幽默引言

由于彼此之间立场、利益的不同，人们经常持有不同的意见，因而会招致对方的抵触、敌对情绪。当与别人发生分歧甚至产生冲突时，有经验的人并不会急于争个高低，而往往会采取幽默沟通的策略来打破僵局。

有的人认为，在激烈的社会竞争中，面对冲突，不迎难而上，而选择幽默沟通，有软弱、妥协的意味。其实不然，人生在世，谁也不是一个孤立的个体，只有和他人沟通配合才能更好地实现自我价值。幽默化解冲突不仅有利于维护个人利益，还尊重了他人的利益。

的确，人人都喜欢和机智幽默、谈吐有趣的人来往，而不喜欢与那些郁郁寡欢、毫无生气的人做朋友。所以面对冲突，何不运用恰当的幽默缓和谈话气氛，化解彼此间的矛盾和愤怒，将坏情绪一扫而光，做一个广受欢迎的"开心果"呢？

幽默小故事

正好相反

有一天，歌德在公园散步。在一条狭窄的小道上，他远远地就看见有一个以狂妄无知著称的文学批评家从对面走过来了。

第五章　不必要的冲突，用幽默来化解

狭路相逢，批评家傲慢地说："我从来不给傻瓜让路。"

这时，歌德不慌不忙地退到路旁，笑容可掬地对他说"我正好相反"。

面对他人的敌意，假如歌德也像那个狂妄的文学批评家一样说"我也从来不给傻瓜让路"，那势必出现无聊的争吵，但如果歌德默默无语，顺从地让到一旁，就等于承认了自己是傻瓜。只有"我正好相反"这句话，绵里藏针，既幽默地避开了争执，又在语言上针锋相对，寸步不让，一句话就把对方置于无可辩驳的"傻瓜"的位置之上。

我也没有办法

有一次，萧伯纳在英国国家剧院举行公演。演出很成功，观众不断发出热烈的掌声和欢呼声，有的观众甚至笑出了眼泪。闭幕时大家都跑上台去，对剧作者萧伯纳表示感谢和祝贺。

这时，突然有一个大汉跑上来，对萧伯纳粗鲁地喊道："这是什么破烂剧本啊，简直糟糕透顶，以后千万不要再演出了……"

面对突如其来的反对声，观众都吃惊地看着他俩，为萧伯纳捏一把汗，他们以为萧伯纳肯定会气急败坏地还击对方，没想到萧伯纳只是面带微笑地说："这位朋友，我可算是找到知音了！我也认同你的观点，这剧不能再演了！"说着还对那个大汉鞠了一躬，在观众的诧异中，萧伯纳继续说："可是光咱俩反对有什么用呢？大家都不赞成咱俩的看法，我也没有办法啊！"

现场观众哈哈大笑，响起了经久不息的掌声。那个大汉一时找不到回答的话，涨红了脸，灰溜溜地跑下了台。第二天报纸上就刊登了这则趣事，大力称赞了萧伯纳的机智、幽默。

当我们遇到别人不怀好意的刁难和指责时，如果能避重就轻地幽默一下，自然能巧妙地化解矛盾，打破僵局。恰当地运用幽默，可以起到力挽狂澜的效果。所以生活中不妨试着用幽默化干戈为玉帛。

三招五式

要想做到巧用幽默化干戈为玉帛,需要掌握以下几个要点:

1. 以退为进

双方产生矛盾,在明知一较高下并无益处或争执无果时,要缓解矛盾,就要运用以退为进的策略,辅以幽默的语言,往往能比一味进攻更加行之有效。幽默就像是润滑剂,能使本来剑拔弩张的气氛迅速冷却下来,缩小谈话双方的距离,从而打破僵局。

2. 分清对象

幽默一定要慎用,要考虑具体的场合、对象。同一个玩笑,或许你能跟甲开,却不能跟乙开,尤其是对于初识的人或长辈,再或者是没有幽默感的人,否则容易让他人产生唐突或莫名其妙的感觉。要是对方把你的幽默理解成取笑、讥讽,那就更得不偿失了。

3. 放松心态

生活中的矛盾在所难免,当矛盾发生时,放松的心态能使一切变得轻松自然。有个故事描写了不同国家的人对于啤酒里有苍蝇这件事的不同反应:英国人绅士地吩咐侍者:"换一杯啤酒来!"日本人令侍者去叫餐厅经理来训斥一番:"你们就是这样做生意的吗?"美国人则说:"以后请把啤酒和苍蝇分开放,让喜欢苍蝇的客人自己混合,你觉得怎么样?"

故事可能是虚构的,却反映了美国人在对待社交矛盾上的一种真实的幽默态度。

他人嚣张挑衅，冷幽默来反击

[苏联]列宁

幽默是一种优美的、健康的品质。愿你让自己幽默起来。

幽默引言

有时，我们在交际中会碰到一些心怀恶意的人对自己进行讽刺挖苦，对于语言挑衅，不可气急败坏，当然也不要吃"哑巴亏"。为了有力地回击对方的挑衅，我们可以针锋相对地抓住其谬误的要害，反过来对其进行严厉的责问和深刻的讽刺。用冷幽默型的语言进行反击，既能确保自己不吃亏，又能有力地给对方以反击。

"冷幽默"是那种淡淡的、在不经意间自然流露的幽默，是让人发愣、不解、深思、顿悟、大笑的幽默，是让人回味无穷的幽默。

幽默小故事

安徒生的反击

丹麦著名的童话作家安徒生一生俭朴，常常戴一顶破旧的帽子在街上行走。

有一天，有个坏家伙嘲笑他说："你脑袋上边的那个玩意儿是个什么东西？能算是顶帽子吗？"

安徒生马上回敬了一句："你帽子底下那玩意儿是个什么东西？能算个脑袋吗？"

"你脑袋上边的那个玩意儿是个什么东西？能算是顶帽子吗？"这句话是非常明显的挑衅，面对他人的恶意挑衅，安徒生没有被对方激怒，而是心平气和地说了一句："你帽子底下那玩意儿是个什么东西？能算个脑袋吗？"这种冷幽默以其人之道还治其人之身，要远远比针锋相对地反击，直接说："你这人会不会说话呀？怎么能这样侮辱人呢？"效果好。

萧伯纳的反击

萧伯纳个头很高，但是身材比较瘦。一天，他应邀参加一个宴会，受到了很多宾客的热烈欢迎。由于他受到的关注太大，所以有几个资本家非常不服气，想找个机会羞辱一下萧伯纳。

有一个吃得特别胖的资本家哈哈大笑，嘲笑萧伯纳说："先生，看到了您，我就知道世界上还有一些地方在闹饥荒。"

机智的萧伯纳没有发怒，而是以其人之道还治其人之身，应对道："先生，看到了您，我就知道那些地方闹饥荒的原因了。"

萧伯纳真不愧为用幽默进行反击的高手，他运用这种由果溯因的方式巧妙地反击了资本家的嘲讽，以其人之道还治其人之身，令对方哑口无言。这种冷幽默既有力地反击了对方，又令对方哑巴吃黄连——有苦说不出，简直妙不可言。

三招五式

冷幽默的后半部分往往出人意料，听的冷幽默越多，就会觉得冷幽默越冷。使用这种方式反击，最重要的是令人意想不到。面对他人的挑衅，很多人都无法控制自己的情绪，很容易被对方激怒。有的人反唇相讥，有的人动手教训对方。不过，很少有人能想到你会使用冷幽默的方式来反击。

冷幽默的威力正是来自于这种意想不到的结果。因此，使用冷幽默反击他人的嚣张挑衅时，一定要注意让自己说出的话令人意想不到。听者越是意外，冷幽默的威力也就越大。

另外，使用冷幽默反击时，最好能做到"以彼之道，还施彼身"。这样才能有效阻止对方做出过激的行为，因为你只不过是在效仿他，说出的话太过分也不需要负太大的责任。如果对方对你说的话不满，要找你算账，无异于自己打了自己一个嘴巴。

难得糊涂，不妨说些不着调的话

[中国]郑板桥

聪明有大小之分，糊涂有真假之分，所谓小聪明大糊涂是真糊涂假智慧。而大聪明小糊涂乃假糊涂真智慧。所谓做人难得糊涂，正是大智慧隐藏于难得的糊涂之中。

幽默引言

古人说："水至清则无鱼，人至察则无徒。"的确如此，在生活中，一个人太精明，有时候也未必是什么好事，甚至有可能是一件坏事。很多时候，在他人眼中，太聪明就意味着太傻。因此，凡事不能表现得太聪明，要留有余地。

很多时候，做人做事糊涂一点，迟钝一点，会更有利于自己。面对他人的攻击，适当地学会低头、弯腰、揣着明白装糊涂。这是一种做人之道，也是一种生存之道。假如你的反应太过激烈，太过直接，就很容易激化双方的矛盾。所以学会忍耐，学会装糊涂，学会说一些不着调的话，幽默对待也是一种智慧的体现。

幽默小故事

多退少补

春天来了，气温逐渐回升，加上教室里的空气流动不畅，上课时很容易犯困，因此，同学们的精神状态都不太好。

看到这种情况，班主任刘老师把全班同学召集到学校的操场上，对同学们说："春天容易困，每个人跑5圈，提提神，解解困，还能增强体质。"

同学小斌平时就缺乏锻炼，刚跑到第3圈，他已经累得气喘吁吁了。小斌为了偷懒，对班主任老师撒谎说："刘老师，您让跑5圈，我都已经跑7圈了，怎么还不让我停下来？"

刘老师故作惊讶地说："是吗？都跑7圈了？比我要求的多了2圈，那该怎么办呢？这样吧，你现在马上向后转，再跑2圈，咱们要多退少补，坚决不能让你吃亏！"

小斌原以为只要撒个谎就能停下来，没想到刘老师来了个"咱们要多退少补，坚决不能让你吃亏"。听了这话，就算小斌已经累得跑不动了，也只得强撑着跑下去。因为刘老师说出的"糊涂话"没法反驳，所谓的"多退少补"是不着调的，按照正常的逻辑反驳肯定不行。

由此可见，越是不着调的话，反驳的难度越大。碰到狡辩的人，与其按照正常逻辑与他纠缠，不如反其道而行，说一句不着调的话，迫使对方哑口无言，不得不屈服。

死鸭子竟然能飞

杰克自称是一个水平很高的猎手，每次碰到熟悉的人，他都要向别人吹嘘自己神奇的枪法。

一次，朋友约他一起去郊外打猎。刚来到一条河边，朋友就指着远方水面上的一只野鸭子问杰克："你不是经常说你打猎的水平非常高吗？看到远处的那只野鸭子没有？快举枪瞄准，让我见识见识你的枪法。行吗？"

杰克回答说："没问题！"

杰克举起枪，瞄准后射击，但是没打中，野鸭子飞了。他故作纳闷地对朋友说："真是奇怪，没想到现在还有这样奇怪的事！死鸭子竟然能飞，我今天是第一次见到。"

很明显，杰克并没有打中野鸭子，因为谁都知道死鸭子是不会飞的。但杰克为了掩盖自己没打中野鸭子的事实，故意说："真是奇怪，没想到现在还有这样奇怪的事！死鸭子竟然能飞，我今天是第一次见到。"

生活中，谁都会遇到几件尴尬事。遇到尴尬时，想要化解难堪，不妨假装糊涂，说些不着调的话。

三招五式

从表面看，"糊涂"这个词似乎是贬义词，其实它并非只有贬义的解释，除了有"不明智"的意思外，它还有"大智若愚"的意思。把糊涂和幽默结合到一起，就能形成说话不着调的效果，从而也展示出一个人的大智若愚。

无论是什么事情，从常理出发，从事实出发，一本正经地应对，就无法产生幽默的效果。不如以一种轻松调侃的态度，说些不着调的话，把两个看上去毫不沾边的因素硬捏到一块，这样就能产生幽默的效果。

巧装糊涂，既可以使自己摆脱尴尬的处境，又可以营造一种轻松、愉悦的谈话氛围，更有利于双方沟通。在日常生活中，装糊涂的幽默必不可少，平和的人生态度也不可或缺。

答非所问，从对方的"陷阱"里脱身

[美国] 马克·吐温

> 幽默的内在根源不是欢乐，而是悲哀；天堂里是没有幽默的。

幽默引言

回答问题并不是一件容易的事，要回答得准确、巧妙，需要精心的准备。有时候，如果对方的问题不宜直接回答，就不能根据对方的提问来回答。因为你的每一个回答，都要求你对其负责，它就像是对问话者的一种承诺。因此，直接回答是有一定风险的，答不好很容易让自己下不来台。

掉入对方的"陷阱"时，我们可以运用"答非所问"的技巧，运用这种幽默方式来扭转对我们不利的局面。什么是答非所问呢？就是答话者不直接回答对方提出的问题，故意偏离正常的逻辑规则，在形式上响应对方的问话，通过有意的错误造成幽默效果。答非所问并非逻辑混乱，而是借助假装错误的形式，用幽默表达真实的意思。

幽默小故事

太贵了

有一个漂亮的小姐，独自坐在酒吧的角落里，看上去应该是出身豪门。

一名男子走过来，礼貌地问："小姐，你好！请问这里有人坐吗？"

漂亮的小姐大声问："什么？你要替我结账？"

那名男子连忙回答说:"不,你听错了,我是问你这里有人坐吗?如果没有,我能坐这里吗?"

"什么?现在就结账?"她大声喊。

那名男子很狼狈,红着脸走到另一把椅子上坐下。周围的人发出嘲笑的声音。

片刻后,漂亮的小姐来到他身边,对他说:"对不起,我刚才只是想看看你尴尬时会不会生气。你没有生气吧?"

那名男子故作惊讶地高喊:"什么?亲一口200元?太贵了!"说完,他转身离开了酒吧。

案例中的男子只是想找个位子坐下,看到漂亮的小姐旁边有一个空座,于是问她是否有人坐,没想到漂亮的小姐答非所问,令他十分难堪。最后,男子看准了时机,使用答非所问的方法反击,也令她十分难堪。

其实,男子的声音很响亮,那名女子听得很清晰。可是,她偏偏答非所问,用这种方式暗示男子:我对你没兴趣,走开!她表面上回答了那名男子,实际上没有给他任何有用的信息。最后,男子为了反击,也使用答非所问的方式,挽回了自己的颜面。

殡仪馆同意就行

威尔逊在担任新泽西州州长时,接到了一位政客打来的电话,问能不能帮个小忙。

原来,新泽西州的一位议员刚刚去世,而且这位刚去世的议员生前是威尔逊的好朋友,威尔逊正沉浸在悲痛之中。

那名政客在电话中问:"州长,我想代替那名政客的位置,不知您意下如何?"

朋友刚去世,就有人迫不及待地要取代他的位置,这令威尔逊十分不满。不过,他并没有直接反驳那名政客,而是柔声细语地说:"没问题,我本人没有任何意见,只要殡仪馆同意就行。"

很明显，那名政客所说的"位置"，指的是那位刚刚去世的议员生前的工作岗位，而威尔逊却答非所问，故意把它理解成去世的议员在殡仪馆里躺着的位置，用幽默的方式表达了自己的不满。

如果威尔逊没有使用这种答非所问的方式表达自己的不满，而是直接痛斥对方："人家刚去世，你就惦记着他的位置，是不是太不近人情了？"这样很可能会激怒对方，导致双方关系恶化。与其这样生硬地回答他人的问话，不如答非所问，从对方的"陷阱"里脱身。

三招五式

答非所问特别讲究回答的技巧，它抓住了表面上某种形式上的关联，无声无息地闪避实质性问题，有意识地打断了对方问话的连续性，使自己从对方的"陷阱"中跳出来，摆脱被动的局面。

在生活中，回答他人提出的问题时，经常出现由于双方在表达和理解上的不一致，而错误地理解对方讲话意思的事情。如果对方的问题太尖锐，或是你想回避的问题，直接回答对你不利，为什么不尝试一下答非所问呢？

应答是有技巧的，重要的不是你回答得"对题"或"不对题"，而是怎样回答才有利于你。因此，回答别人的问题时，不利于你的问题，你不必刻意回答，完全可以使用这种答非所问的方法，用你的幽默处理突发情况，从对方的"陷阱"中跳出来。

反击不必太严肃，幽默一点更有效

[美国] 阿格尼斯·雷普利尔

幽默带来悟力和宽容，冷嘲则带走深刻而不友善的理解。

幽默引言

遭到他人的嘲弄或不友好的对待时，我们首先想到的就是要予以反击。不过，反击的方式多种多样，产生的效果也各不相同。如果直接反击，会有失身份，甚至可能诱发更加激烈的冲突。

因此，当遭遇讥笑、挖苦、尴尬等意想不到的情况时，为了不诱发更加激烈的冲突，我们可以换一种方式来回应对方的冷言冷语。比如，我们可以用幽默的语言进行推理式的反击。由于这种方式比较含蓄，可以把尖锐的意见包含其中，所以常常会令对方无法再反击，除了认错，别无他法。

幽默小故事

盛大的追悼会

一位旅客入住一家旅店，却在旅店的墙壁上发现了一只臭虫，于是打电话给旅店的老板反映了这个情况。

旅店老板很机灵，只是看了一眼墙上的臭虫，就对那位旅客说："您应该仔细看看，墙上的这只臭虫已经死了很多天了。"

第二天清晨，旅客发现自己的房间里多了很多臭虫，于是把旅店的老板叫到自己的房间，对他说："我有必要再和你探讨一下臭虫的问题。"

旅店老板不耐烦地说："咱们昨天不是已经说过这个问题了吗？您也看到了，这只臭虫已经死了很多天了。"

旅客幽默地说："没错，它的确死了很多天了。可是，您可知道，昨天晚上它的亲朋好友为它开了一个盛大的追悼会。"

案例中的旅客受到了旅店老板不公平的对待，他没有一本正经地提出抗议，而是幽默地给予了相应的反击。他没有反对旅店老板的观点，却准确地把握好了老板的心态和意图，按照老板的逻辑提出自己的观点，令老板无法反击。

如果旅客与旅店老板正面交锋，义愤填膺地提出抗议，很可能激化双方的矛盾，造成两败俱伤。倒不如先顺后逆，准确把握时机，用不太严肃的话反击。这种不太严肃的反击方式，能起到"四两拨千斤"的效果，反击他人时更有效。

第一人称

马雅可夫斯基的诗歌深受苏联人民的欢迎，不过也引起了一些浅薄无聊的文人对他的忌妒和攻击。在一次会议上，有人曾不怀好意地指责他说："你的诗里为什么都是'我'字当头？我要怎么样，我要怎么样！由此可见你是个极端的个人主义者！"

马雅可夫斯基觉得可气又可笑，他幽默地反击对方："为什么诗中不能用第一人称'我'呢？当你向心爱的姑娘求爱时，你到底是说'我爱你'，还是说'我们爱你'？"这话机智幽默，回击有力，使挑衅者又羞又恼，瞠目结舌。

三招五式

很多时候，我们有一肚子的怨气，又不好当面发作，可是憋在心里又实在难受，此时就要在发作前给这些"炮弹"裹上一层"糖衣"。这种反击看似不动声色，实际上却有"绵里藏针"的功效，具有疾言厉色所无法比拟的力量。

当我们处于弱势时，都可以使用这种幽默的反击方式。虽然它的外在形式比较温和，但是这种温和之中蕴含着批判，让对方虽然不免恼怒，却又不好发作，具有非同寻常的反击效果。

当然了,如果面对极其卑劣的人和事,或对方的攻击过于激烈时,依然不够严肃,过分轻松,过分幽默,不但显得软弱无能,而且显得缺乏正义感,极有可能遭到对方更加蛮横无理的对待和肆无忌惮的进攻。

榜样力量

卓别林：让幽默给他人送去欢乐

在世界电影史上，卓别林是一位非常著名的喜剧演员。他是一位才华横溢的人，不仅具备自编、自导、自演的能力，还能自己作曲、指挥，是一位旷世奇才。萧伯纳曾称赞他说："他是电影界独一无二的伟大天才。"除此之外卓别林还是一位幽默大师。

真假卓别林

一家公司举办了一场独特的评选会，让每一位扮演、模仿过卓别林的人竞赛，然后邀请专家给他们排出名次。

听到这个有趣的消息后，卓别林本人也兴致勃勃地赶来参加比赛。可是，他没想到，专家竟然把第一名给了卓别林的模仿者，真实的卓别林反倒屈居第二。

比赛结束后，这家公司的老板为了庆祝这次评选活动，特地邀请卓别林为大家发言。卓别林风趣地说："关于卓别林，世界上肯定只有一个，那就是我。既然我只得了第二名，那就应该尊重大家的意见，让那个获得第一名的卓别林来讲几句吧！"

与爱因斯坦的对话

一天，卓别林与著名的物理学家爱因斯坦相遇。爱因斯坦对卓别林说："卓别林先生，我非常钦佩您！您的电影《摩登时代》，世界上每个人都能看得懂，所以您一定会成为一个伟大的人物。"

当时，爱因斯坦刚刚提出了"相对论"，但是太深奥了，世界上能理解的人非常少，甚至许多物理学家都不认可相对论会对科学发展做出巨大的贡献。所以，卓别林说："爱因斯坦先生，真正令人钦佩的人是您！您的相对论，世界上几乎没有一个人懂，但您已经成为一位伟大的人物了。"

与周总理一起吃烤鸭

一次，周恩来总理邀请卓别林夫妇到中国使馆共进晚餐。席间，卓别林说，无论他走到什么地方，大家都会学着他的鸭子步以示欢迎。说完，他站起身，表演了一段鸭子步，逗得大家哈哈大笑。

事有巧合，当天的晚宴上刚好有一道菜——北京烤鸭。卓别林诙谐地说："我实在不想吃这道菜，因为我的招牌动作就是从鸭子的步态里获得的灵感，现在让我吃它，我实在于心不忍啊！"

听了他的话，周总理微笑着表示歉意。没想到的是，卓别林又说："但是，我模仿的是美国的鸭子，餐桌上的这只却是中国的鸭子，吃几口也没什么大不了的！"听了这话，大家一阵大笑。

第六章
学几招幽默技巧，变身幽默达人

要想变身幽默达人，就要学几招幽默技巧。顺水推舟、自相矛盾、迂回作战、一语双关、埋下伏笔、巧用反语、巧用夸张、偷梁换柱……这些都是简单、有效的幽默技巧。通过本章的学习，你会轻松变身为幽默达人。

顺水推舟，顺势而为成就幽默

[英国]莎士比亚

幽默和风趣是智慧的闪现。

幽默引言

幽默的人通常是有与人为善、待人宽厚的品质，他们不会处处与人为难，更不会惹是生非。一般情况下，遇到事情时，他们表现得很理智，不会破口大骂，也不会轻易地下死手。

当然，他们也不会无动于衷，任由对方欺凌。相反，幽默的人会用独特的宽容方式来做出回应，在自嘲的同时表现出极大的自信。

幽默小故事

菜籽儿议员

美国有一位名叫凯升的政界要人。20世纪40年代，他第一次在众议院里发表演讲时，由于刚从西部农村赶来，所以打扮得比较朴素。

一个善于挖苦别人的议员看到后，讽刺他说："这个伊利诺伊州来的人，口袋里肯定装满了麦子吧？"一句话，逗得大家一阵哄笑。

不过，凯升并没有发怒，也没有反唇相讥，而是十分坦然地回答说："没错，我的口袋里的确装满了麦子，除此之外，我的头发里还藏着很多菜籽儿呢。我住在西部的农村，那里的人大多是土里土气的。不过，我们藏的虽然是麦子和菜籽儿，却能长出不错的苗来！"

不久后，整个美国都知道了凯升的大名，大家还给他起了一个外号，叫"菜籽儿议员"。

面对他人的恶意讽刺，凯升没有以牙还牙，而是顺水推舟，肯定了对方的讽刺，把对方的讽刺作为铺垫，顺势把自己的幽默抖搂出来，使自己从尴尬的困境中摆脱出来。

不针锋相对，自然不会引发激烈的矛盾；肯定对方的讽刺，自然堵住了对方持续不断地羞辱的嘴。凯升用幽默的方式来应对他人的恶意讽刺，不仅包容了对方的无礼，还显示出自己宽广的胸襟。

肉太少，得加点儿

厨师正在厨房里烧汤，一群食客围了过来。

第一个人从锅里捞出一块肉，放到嘴里尝了尝，对厨师说："辣椒太少了，得加点儿。"

第二个人也从锅里捞出一块肉，放到嘴里尝了尝，对厨师说："盐太少了，得加点儿。"

第三个人也从锅里捞出一块肉，放到嘴里尝了尝，对厨师说："香油太少了，得加点儿。"

厨师见不断有人才尝肉，于是也从锅里捞出一块肉，放到嘴里尝了尝，对他们说："肉太少了，得加点儿。"

听了厨师的话，食客们相视而笑，明白了厨师的意思，再也不打扰厨师做饭了。

厨师根据食客的话，采用顺水推舟的方式，巧妙地说了一句"肉太少了，得加点儿"，暗示他们已经尝了太多肉，再尝分量就不够了。食客们听到厨师的话，自然心领神会，不再打扰厨师的工作。

厨师没有直接指出他们吃了太多肉，而是说了一句非常短的幽默话，使自己摆脱了干扰。如果他没有使用这种方式，而是直接说："你们都别尝了，再尝肉就没了。"可能会激发矛盾，让三位食客又羞又恼，自己也陷入尴尬中。

三招五式

善用幽默的人，在与人沟通时，经常采用顺水推舟的语言形式，使自己摆脱交际困境。这是一种出奇制胜的做法，在耗费最少精力和口舌的前提下达到最终目的。要想练就顺水推舟的技巧，成为说话幽默的行家，不仅要有非凡的气度。而且离不开智慧的头脑和机智的口才。幽默是一个人智慧积淀的结晶，也是通往成功之路的扶梯。

用最佳的方法追求最佳的目的，就是"智慧"。所谓幽默智慧，就是用幽默的方法追求最佳的做事目的。使用"顺水推舟"，在顺势而为中成就幽默，就是在智慧的基础上生成的诙谐的说话技巧和做事方法。

自相矛盾，营造戏剧化的幽默效果

[英国] 舍夫茨别利

探求如何在一切事物前发出笑声和从一切事物中寻找出可笑之处，这两者之间存在着天渊之别。

幽默引言

在生活中，我们经常用制造矛盾的方式营造戏剧化的幽默效果。比如，与人对话时，假如对话的内容明显地前后不一、自相矛盾，就会形成巨大的反差，营造幽默的效果。这种幽默不同于说教，可以让听者在笑声中自己领悟其中的道理，大多含有嘲讽的意味。

自相矛盾营造出的幽默，具有讽喻他人和自我暴露这两个方面的功能。一般情况下，讽喻他人式的幽默表现为一针见血地指出对方的痛处，具有很强的戏谑效果；自我暴露式的幽默表现为故意说蠢话、自我调侃，通过这种方式拉近与人之间的关系。与人交流时，我们可以根据自己的需要，在具体的矛盾下营造幽默效果。

幽默小故事

"卧游"已久

熟悉李敖的人都知道，他是一个嘴巴很"毒"的人，说出的话往往会得罪不少人。比如，他经常骂别人是"笨蛋""书呆子"。有位记者看不惯他的行为，想好好贬损他一番。

记者问李敖:"你经常骂别人是'笨蛋''书呆子',却没有意识到自己也是一个'笨蛋''书呆子'吗?因为你一天的工作时间长达12个小时,睡眠时间很少,出门的机会更少,却自称了解人间万象和真相,这怎么可能呢?"

听了这话,李敖并没有生气,而是轻描淡写地说:"康德是一位著名的思想家,还教过世界地理,可是他一辈子都没离开过他家方圆80里地。如果让我教世界地理,我一样可以胜任,因为我在家'卧游'已久。"

李敖刚说完,周围的人一阵大笑,纷纷为他的巧思妙答喝彩。

为了应对记者的提问,李敖临时编造了一个词——卧游。其实,这个词本身就很矛盾,既然一直在家里"卧"着,又怎么能算得上是"游"呢?不过,李敖才不管什么语言逻辑,就是要使用这个自相矛盾的词汇进行反击,竟然营造出很好的幽默效果。

我们都知道,李敖是一位非常幽默的人,就算有人故意中伤、侮辱他,他也能利用幽默化解困境。通过这种方式,他既让别人敬服自己的学识和度量,又使别人的恶意攻击不攻自破。

有一半不是浑蛋

一次,国会议员通过了一项法案,但是这项法案在马克·吐温看来是很不合理,甚至是荒谬的。为了表达自己的不满,马克·吐温在报纸上刊登了一个告示,上面写着:"国会议员有一半是浑蛋。"

这个告示刊登出来后,立即在国会炸开了锅,很多议员都摩拳擦掌,责令马克·吐温立即改正他的言论。

到了第二天,马克·吐温又在报纸上刊登了一个告示,上面写着:"我错了,国会议员有一半不是浑蛋。"

从表面上看,马克·吐温是在向国会议员们道歉,实际上他不过是在语言上耍花招。马克·吐温故意用不合逻辑的话一再地骂议员们是"浑蛋",看似前后矛盾,实际上表达的却是同一种意思。

如此一来，国会议员们又被马克·吐温骂了一次，明明知道"国会议员有一半不是浑蛋"并不是真正的道歉，而是变着法子再骂一次，却又拿马克·吐温无可奈何。

三招五式

要想自相矛盾，营造戏剧化的幽默效果，可以在字面上肯定，而在意义上否定，或者在字面上否定，而在意义上肯定。比如，"此地无银三百两""隔壁王二不曾偷"就是这种方式。这种方式具有十分强烈的幽默效果，使得那些被讽喻的对象为了遮掩自己的巨大纰漏而疲于奔命，最后反而顾此失彼，笑料迭出。

为了营造更加强烈的戏剧化的幽默效果，我们还可以在矛盾对转前刻意强调矛盾，混淆别人的视听。比如，好朋友向你借钱，你可以先放出豪言壮语："咱们两个谁跟谁呀，跟我还提'借'，多生分呀！"可等你真的把钱借给对方时，却不无担忧地说："你可得记着点啊，有了钱别忘了尽快还我，我过几天有急用。"刚刚还放出豪言壮语，转眼就催着别人还钱，这种自相矛盾的方式营造出了非常强烈的戏剧化的幽默效果。

需要注意的是，制造矛盾时，要做好铺垫，因为前面的铺垫做得越足，后面形成的对比往往越强烈，戏剧化的幽默效果也越明显。不过，制造矛盾时，我们还要先故意营造一种不经意的效果，交谈时沉住气，使自己的语气平稳、自然，然后再把包袱抖出来。

发散思维，多角度回答的幽默

[中国] 宁静

懂幽默、会幽默的人一般都会很快乐。

幽默引言

"问"有问的艺术，"答"也有答的技巧。有些问题，如果明知道从正面回答对自己不利，就不要从正面回答，免得使自己陷入被动。遇到不好回答的问题，不妨学会迂回作战，发散思维故意偏离问话的思想，把心理重点移到另一个主题上。

幽默小故事

巧答面试官

经典电影《当幸福来敲门》中有一个有趣的面试情节。面试者克里斯·加德纳衣衫不整地去面试，面试官马丁有些不满，问他："如果我雇用了一个没有穿衬衫就走进来的人，你会怎么说？"

克里斯·加德纳幽默地回答："他一定穿了一条很棒的裤子。"

在生活和工作中，总有一些问题让人没法回答，如果按照正常的逻辑回答，就等于是宣布自己投降了。此时，不妨发散思维，换一个角度幽默回答，从而有效化解难题。

一个人在提出问题时，往往既有字面意思，又有实际意思，而字面意思和实际想表达的意思并不完全一致。改变回答问题的角度，可以故意忽视说话人的实际意思，抓住字面意思不放，从有利于自己的角度回答问题。

西北有高楼

1935年，巴黎大学的主考官向中国近代著名的学者陆侃如提出一个古怪的问题："在《孔雀东南飞》这首诗里，为什么孔雀要向东南飞，而不是向西北飞？"

陆侃如知道这是主考官在有意为难他，所以他灵机一动，回答说："因为'西北有高楼'。"

听罢，主考官赞赏地笑了，对陆侃如的风趣大加称赞。

学过古文的人都知道，诗文中的许多方位词意义都是虚化的，不能望文生义。"孔雀东南飞"中的"东南"只是一种代指，这并不表示西北就不能飞。不过，如果陆侃如这样一板一眼地回答，反而显得呆板了。

《古诗十九首》中有句名句"西北有高楼"，这里的"高楼"也并非指实实在在的高楼，只是诗人幻想中的一种景象而已。可是陆侃如装作一本正经地回答说："因为西北的楼实在太高了，孔雀飞不过去，所以只好改道向东南飞了。"这种解释是非常牵强的，在逻辑上说不通，可是却出人意料地产生了神奇的幽默效果。

三招五式

我们都知道，一个独立的词语往往要放在特殊的语境中，才会有比较明确的意思。如果孤立地取出其中的一段或一句，以偏概全，所引用的往往与原意不符，我们称之为"断章取义"。沟通中，我们也可以使用这种方法产生幽默的效果，完全不顾谈话的内容，只摘取某个字、词、句等要素，然后进行不恰当的解释，使之与原意不符，进而产生一定的幽默效果。

为了满足你的需要，你可以断章取义，恰当地捏造、附会，以创造出幽默的情趣。一般情况下，你捏造的意思和实际的意思相差越远，幽默的效果也就越明显。

　　由于这种幽默技巧的特点是发散思维，转换角度，自己的意思被埋藏在所说的话后面，而不是直接表达自己的意见，所以要在对方听完后给对方留下一个回味思考的时间，让对方体会其中的奥秘，从而产生幽默的效果。

一语双关，话中有话让人会心一笑

[英国] 赫兹里特

总有人注定要因某个玩笑而受苦。

幽默引言

双关指的是在一定的语言环境中，利用词的同音或多义，有意识地使语句具有双重意义，起到言在此而意在彼的效果。简单地说就是"一语双关"。一般情况下，它有意义双关和谐音双关之分。

一语双关，可以掩盖攻击锋芒，让对方在表面上处在毫无锋芒的语意里，同时又能体会到说话者的真正意图。它是一种含蓄委婉的表达方法，可使辩者变守为攻，变被动为主动，又可以借机讽刺对方，令人回味无穷。

总之，一语双关式的幽默能充分体现出一个人的智慧，假如运用得恰当，就可以帮助你迅速摆脱眼前的窘境，维护自己的面子，同时又让人会心一笑。

幽默小故事

轮到我压迫它了

郁达夫是中国著名的作家。一次，他请朋友到一家饭馆吃饭，由于害怕把钱弄丢了，就把钱塞进了自己的鞋垫底下。

两人吃过饭后，郁达夫大大方方地脱下鞋子，把钱从鞋垫底下取了出来，准备结账。看到这一幕，朋友很震惊，不解地问："你为什么把钱放到鞋垫底下？"

郁达夫风趣地叹了口气，回答说："过去，这个东西一直压迫我，如今轮到我压迫它了！"

如果按照常理分析，把钱藏在鞋垫底下多多少少有些丢脸，郁达夫却不以为意，反而来了个幽默调侃。郁达夫用了"压迫"二字的双关意思，强调了"压迫"的政治含义，既能让人会心一笑，又能让人感受到他的率真。

同类的例子有很多，比如，美国前总统福特说话时就喜欢用一语双关。一次，他回答记者的提问时说："我是一辆福特，不是林肯。"林肯是当时美国的总统，同时又是一种高级汽车，而福特在当时则是一种大众化的汽车。福特总统借用一语双关，既表达了自己的谦虚之意，又突显了自己是深受大众喜爱的总统。

好画儿

在中国著名小说《红楼梦》中，有这样一段有趣的对话：

鸳鸯道："什么话？你说罢。"

他嫂子笑道："你跟我来，到那里我告诉你，横竖有好话儿。"

鸳鸯道："可是大太太和你说的那话？"

他嫂子笑道："姑娘既知道，还奈何我！快来，我细细的告诉你，可是天大的喜事。"

鸳鸯听说，立起身来，照他嫂子脸上下死劲啐了一口，指着他骂道："……什么'好话'！宋徽宗的鹰、赵子昂的马，都是好画儿。什么'喜事'！状元痘儿灌的浆儿又满是喜事。怪道成日家羡慕人家女儿做了小老婆……"

鸳鸯被贾母长子贾赦看上，一帮人帮忙、躲避、旁观、相怜的各色俱全。鸳鸯的嫂子以为这是天大的好事，于是不知趣地前来劝说，结果被鸳鸯兜头泼了一瓢冷水。她骂道："什么'好话'！宋徽宗的鹰，赵子昂的马，都是好画儿。什么'喜事'！状元痘儿灌的浆儿又满是喜事。怪道成日家羡慕人家女儿做了小老婆……"这里的"话"和"画"就是一语双关，讽刺意味十足。

这种双关叫谐音双关，我们常说年年有余（鱼），就是典型的谐音双关。我们常看到的年画上那个抱着一条大鲤鱼的胖小子，画中的鱼就是一语双关，既是真实的鱼，又是年年有余的"余"。

谐音双关要求辩者有丰富的想象力和发散思维的能力，可以透过某个语句表明的意思看透它隐含着的特殊含义，然后选择一种符合我们观点的相关意思，做出巧妙的解释。

三招五式

运用双关手法时，要注意以下几个问题：

1. 不可低俗

说话要讲究文明，讲究文雅，这样才能以理服人。有些人使用双关时，说出的话像泼妇骂街一样丑陋不堪。虽然也有可能凭一时的口舌之快占尽上风，却因为低俗而令人不齿。

2. 隐藏幽默

一语双关的要点是隐藏幽默。运用这种手法，最基本的要求是含而不露，假如忽视了这一点，就会失去讽刺、风趣的特点。

3. 命中要害

我们要善于发现对方的破绽，找出对方的要害。只有命中要害，才能让对方张口结舌，没有还口之力。

埋下伏笔，"抖包袱"制造幽默喜感

[美国]厄谢尔

幽默是不肯正经其事的荒谬感。

幽默引言

在喜剧演员看来，"抖包袱"是喜剧的生命。要想"抖包袱"，就要埋下伏笔，以真实的细节、热切的语调和充满戏剧性的情节引出幽默的力量。埋下伏笔，才能让听众"着了你的道"，产生一种出乎意料的感觉。

"抖包袱"，就是利用对方的预期心理，巧设悬念，埋下伏笔，使人们的主观预想和客观结果形成巨大的反差，最后出现一个出人意料但又合乎情理的结果。在这个过程中，对方的心理期待突然扑空，最后不得不接受反转后的结果，幽默由此产生。

幽默小故事

牙口好吗

在公园的一张椅子上，一位老妇人正在悠闲地坐着，突然一个小男孩跑来，对她说："奶奶，您的牙口好吗？"

老妇人回答说："不行了，都快掉光了。"

听了老妇人的话，小男孩放心地拿出甘蔗，对老妇人说："那您帮我拿一下甘蔗吧！我想去趟洗手间，马上就回来。"

小男孩为什么首先问老妇人牙口好不好？是因为他想让老妇人帮着拿甘蔗，却又害怕老妇人吃他的甘蔗。案例中的小男孩很顽皮，也很机智，一句"您的牙口好吗"，巧妙地埋下了伏笔，设置了一个很好的悬念，令人捧腹。

站在老妇人的角度，她见到小男孩拿着甘蔗，又听到小男孩问自己的牙口好不好，自然而然会产生错误的期待，比如"奶奶，我的甘蔗给您吃吧"。没想到的是，小男孩竟然来了个大反转，使她的心理期待扑空。

就在钢琴的后面

一次，俄国著名的钢琴家安东·鲁宾斯坦在巴黎举行演奏会，取得了巨大的成功。一位贵妇人对他说："伟大的钢琴家，您真是一位天才，不过票房里的票已经卖光了。"鲁宾斯坦当然不能给她票，不过他觉得直接拒绝的攻击性太强，很容易伤人，所以并没有直接拒绝。片刻后，鲁宾斯坦风趣地回答说："非常遗憾，我手上也没有票。但是我在大厅里有一个座位，假如你愿意，可以坐在那个座位上。"贵妇人眼前一亮，高兴地问："真的吗？在什么地方？"鲁宾斯坦不急不缓地说："不难找，它就在钢琴的后面。"

钢琴后面的座位只属于钢琴家，让观众坐在上面就显得不伦不类了，因此，对贵妇人来说，钢琴后面的那个座位是毫无实用价值的。刚开始，贵妇人期待钢琴家给她提供一个座位，但是最后她的期待扑空了，前后形成了强烈的反差，从而产生了强烈的幽默感，充分展现了钢琴家的诙谐和机智。

幽默之所以具有无穷的魅力，主要就是因为它的结果常常是出人意料的，总给听者一种"上当受骗"的感觉。运筹帷幄和出其不意是幽默常用的招数，它要求运用的语言表达方式要超乎常规。

三招五式

埋下伏笔时，要注意以下几个问题：

1. **要顺理成章**

如果故弄玄虚，就会给人一种不着边际的感觉，还会让人觉得"斧凿"的痕迹太重。如此一来，不仅无法产生幽默的效果，还会令人反感。所以，埋伏笔要巧妙，要顺理成章，设置悬念时要精心设计一番，要紧扣主题，设置得恰到好处。

2. 不可急于求成

有些人缺乏耐心，太急于求成，还没有做好铺垫，火候还不成熟，就迫不及待地揭开有趣的"谜底"，最后反而无法产生幽默的效果。因此，埋伏笔时，一定要娓娓道来，而不是急于求成。

3. 不可太慢

要想使听众对结果产生一个错误的预期，就要给他们预留一段缓冲思考的时间，然后再一语道破最终的结果。不过，不可太慢，否则就会导致听众忘了自己的预期是什么。

巧用反语，反语幽默让听众捧腹

[奥地利] 西格蒙德·弗洛伊德

并不是每个人都能具有幽默态度。它是一种难能可贵的天赋，许多人甚至没有能力享受人们向他们呈现的快乐。

幽默引言

正话反说或反话正说，就是用相反的词语表达本意，使反语和本意之间形成强烈的反差。与通常的顺向思维相悖，假如可以从反面出发，正话反说或反话正说，就可以营造出耐人寻味的幽默意境。比如，去朋友家做客，你发现朋友越来越胖，可以风趣地说："哎呀，你怎么越来越苗条了？怎么做到的？"

反语幽默语言可以用作与人斗智的有力武器，或者借用温和的语言讽刺对方的蠢话。反语，要求所举的事例或所说的道理和事实相违背。运用这种手法，一定要让悖谬给人一种特别明显的感觉，并让对方在明显的悖谬中体会其中的道理。

幽默小故事

女人像小拇指

在一次演讲中，演讲家打了一个比喻，说："男人像大拇指，女人像小拇指。"话音刚落，全场哗然，很多女性听众都提出强烈的反对，认为这是对女性的不尊重。

演讲家不慌不忙地说："大家先别急，听我说完呀！我们的大拇指是粗壮有力的，而小拇指却是纤细、灵巧、可爱的，难道有哪位女士想颠倒过来？"

听了演讲家的解释，女性听众的愤怒终于平息了，反而更加佩服演讲家的幽默。

演讲家把男人比作大拇指，把女人比作小拇指，使会场陷入骚乱。因为按照一般人的理解，大拇指意味着顶呱呱，小拇指意味着很差劲，把男人比作大拇指，却把女人比作小拇指，现场的女性朋友们怎么可能不反对呢？

演讲家当然懂得这样说的后果，不过，他蓄意正话反说，先惹怒女性听众，说女人像小拇指，再揭示它正面的意思，说小拇指纤细、灵巧、可爱，让现场的听众在这种强烈的反差中感受到了幽默的力量。

抽烟的好处

某香烟公司的推销员站在人群中大喊大叫："吸烟的好处多多，既可以除百病，又可以防蛀牙。"

看热闹的人群将信将疑。

突然，一位老大爷从人群中钻出来，帮着推销员说："没错，不仅如此，经常抽烟，小偷不敢进屋，狗不敢咬，永远都不会衰老。"

推销员听了大喜，连忙邀请老大爷继续说下去。

老大爷平静地说："抽烟的人整夜咳嗽，小偷怎么敢进屋呢？抽烟的人身体虚弱，走路必须拄着拐杖，狗见了拐杖还敢咬吗？抽烟的人容易患癌症，活不到老呀！"

老大爷的话就是反话正说，看似在补充"抽烟的好处"，实质上却罗列了很多抽烟的坏处，既驳斥了推销员的谬论，又警醒了围观的群众。

反话正说，欲贬却褒。表面上看，老大爷的话是在褒奖，实质上却是在贬低。前后形成强烈的反差，让听众在这样的反差中感受到幽默的力量。反语是一种标新立异的修辞手法，可以起到出奇制胜的效果，具有化腐朽为神奇的力量。

第六章 学几招幽默技巧，变身幽默达人

三招五式

一般情况下，"反语幽默"具有一定的攻击性，并且带有一定的针对性，所以使用时要注意分寸。如果是和朋友开玩笑，要考虑你和朋友的关系是否足够好，朋友能不能经受住这种刺激。如果是讽刺别人，和社会上的不良现象做斗争，要考虑是否会惹怒对方，引起对方的反击。

另外，使用"反语幽默"，还要注意场合。为什么呢？因为同样一句话，在一种场合下可以讲，换一种场合讲可能就出大问题了。比如，朋友心情好时，你用"反语幽默"和他开个玩笑无可厚非，可以增进双方的感情；朋友心情很差时，你用"反语幽默"和他开个玩笑就可能产生恶劣的后果。

遇到尴尬时，"反语幽默"可以为他人解围，营造和谐的氛围；遭遇刁难和讽刺时，"反语幽默"可以将错就错，给对方的讽刺以致命的反击；劝谏别人时，"反语幽默"可以让说辞更有力，给予对方深刻的批评与教育。

张冠李戴是产生幽默的有效方法

[德国]让·保尔·里希特

自由产生诙谐,诙谐也产生自由。

幽默引言

词语的运用是非常讲究的,什么时候应该用什么样的词语,词语与词语之间怎样搭配,都是由语言环境来决定的。如果使用词语时不注重语言环境,就会影响意思的表达,贻笑大方。

不过,事有例外,有时候我们故意使语言与语言环境相悖,张冠李戴,却可以产生不错的幽默效果。生活中经常出现这样的用语现象,就是把反映某个人或某类人特性、风格的用语习惯用到另一个人或另一类人身上,我们把它称为"张冠李戴"。

幽默小故事

白肉

一次,丘吉尔去美国访问,应邀到一家专门做烤鸡的餐厅就餐。就餐时,丘吉尔礼貌地问女主人:"我可以来点儿鸡胸脯的肉吗?"

令人意外的是,女主人一本正经地纠正道:"丘吉尔先生,在我们这里,胸脯不能叫'胸脯',而是叫'白肉'。"

第二天,丘吉尔派人给女主人送去一朵漂亮的兰花,并附上一张卡片,卡片上写着:"假如你愿意把它别在你的'白肉'上,我一定会感到荣幸之至——丘吉尔。"

丘吉尔请女主人给自己来点儿鸡胸脯的肉，女主人却故意挑理，非要把"胸脯"称作"白肉"，使丘吉尔陷入尴尬中。不过，聪明的丘吉尔很快就走出了尴尬，用"白肉"来代称女主人的"胸脯"，以这种方式嘲讽女主人的咬文嚼字。

很明显，按照我们日常的用语习惯，鸡胸脯可以被称作"白肉"，但是女主人的胸脯肯定不能被称作"白肉"。丘吉尔故作不知，将二者等同看待，产生了几分幽默效果，具有很强的讽刺意味。

取枪

一个小男孩走在上学的路上，突然想起忘带课本了，于是返回家中取课本。看到儿子去而复返，不明缘由的父亲问："怎么回来了？"小男孩回答说："课本忘记带了。"父亲教训他说："上学不带课本与打仗不带枪有什么区别？"

几天后，小男孩又忘记带课本，回家取时，父亲问："怎么回来了？"小男孩不好意思地笑了笑，羞怯地说："我回来取我的枪。"

听了这话，父亲先是一愣，继而明白了儿子的意思。儿子忘记带课本，父亲原本又要教育他，结果却被他的幽默感给逗笑了。

小男孩的话之所以具有很强的幽默效果，就是因为听者是明白其中玄机的父亲，如果把这话说给不知事情原委的其他人听，自然无法产生强烈的幽默效果。

所以，使用张冠李戴的幽默技巧时，一定要注意场合和对象。张冠李戴并非放在任何地方都合适，如果不注意场合和技巧，就起不到应有的效果，反而会弄巧成拙。

三招五式

要想选择恰当的"冠"，必须有一个前提，那就是双方都是当事人，都清楚那个借体指的是什么。假如对方不是当事人，不明白那个借体指的是什么，你的幽默就无法准确地传达给对方，张冠李戴必然会失败。

　　张冠李戴时，用人或事物的特征指代本体也是一种不错的幽默方式。比如，鲁迅在他的小说《故乡》中写道："圆规一面愤愤地回转身，一面絮絮地说，慢慢向外走……"文中的"圆规"指的是小说里的杨二嫂，因为她身材细瘦，用圆规来借代最能体现她的身材。

榜样力量

莫扎特：用幽默彰显非凡风采

沃尔夫冈·阿玛多伊斯·莫扎特，于1756年1月27日出生在圣罗马帝国时期的萨尔兹堡。他是著名的欧洲古典主义音乐作曲家。1781年，莫扎特到维也纳开始10年的创作生涯，成为维也纳古典乐派的杰出代表，在音乐上的成就令人叹服。其实，他的幽默事迹同他的音乐一样令人叹服。

戴着眼镜睡觉

莫扎特有睡觉戴眼镜的习惯，每晚都如此。周围的人对此大惑不解，于是有人问他："你为什么睡觉还要戴眼镜呢？"

莫扎特幽默地回答说："我睡觉时经常做梦，在梦里往往会想起一些乐曲的旋律，假如我睡觉不戴眼镜，就什么音符也看不清楚了，等睡醒后，自然什么旋律都不记得。"

弹不了的曲子

莫扎特是著名音乐家海顿的学生。一次，他与海顿打赌，声称自己能写一首曲子，保证海顿无法弹奏出来。海顿认定他口出狂言。

莫扎特用了不到5分钟，就谱写出了一首乐谱，于是送到海顿面前。海顿拿过乐谱弹奏了一会儿，惊讶地说："这是什么曲子？为什么当我的两只手分别弹向钢琴的两端时，键盘当中总是突然出现一个音符呢？任谁都无法弹奏出这首曲子。"

莫扎特微微一笑，在钢琴前坐下，当弹到那个音符时，他弯下身来，用鼻子弹出了那个音符。

请教的少年

一名少年非常喜欢音乐，他向莫扎特请教如何写交响乐。莫扎特回答说："你还太年轻，不适合写交响乐，为什么不先尝试写叙事曲呢？"少年不以为然，反驳说："怎么不可以写交响乐呢？别忘了您写交响乐时才10岁呀！"莫扎特回答说："没错，你说的很对，但是那时候我并没有问过别人交响乐该怎么写。"

第七章
拿捏分寸，幽默要恰如其分

　　幽默也要拿捏分寸，不能把低级趣味的段子当成幽默，不能拿别人的忌讳开玩笑，不能把讽刺别人当幽默，开玩笑不能开过了头，幽默要一点点慢慢来，分清对象和场合……这些你都知道吗？如果你对这些还没有一个清晰的概念，就要认真学习本章的内容。相信它一定能教会你怎样拿捏分寸，恰如其分地幽默。

幽默要高雅，低级趣味要不得

[中国] 林语堂

凡善于幽默的人，其谐趣必愈幽隐；而善于鉴赏幽默的人，其欣赏尤在于内心静默的理会，大有不可与外人道之滋味。与粗鄙的笑话不同，幽默愈幽愈默而愈妙。

幽默引言

在生活中，也许有些人觉得幽默非常简单，无非就是讲点"段子"，开开玩笑而已，于是就把一些格调低下、低级趣味的"段子"当成幽默，讲一些荤笑话，还自认为大家都会被自己的言语所吸引，自诩为一个幽默的人。

其实，讲一些粗俗或不雅的内容，虽然也能博人一笑，但是笑过后却会让人感到乏味无聊，甚至让人感到厌恶。高雅健康的幽默可以让人感到生活中充满了阳光，低级趣味的"段子"只会破坏和谐的氛围，使大家不欢而散。

我们评价一个人的素质和品位时，往往看这个人在生活当中的言行举止，透过一些小细节给这个人下总结。低级趣味的幽默往往反映了一个人低下的素质和品位，令人感到恶心。高雅的幽默是智慧的闪现，低级趣味实际上是对幽默的亵渎。

幽默小故事

锃亮的脑袋

苏联领导人赫鲁晓夫天生就是一个秃子，锃亮的脑袋格外扎眼。

一次，一个中年人用手摸了摸赫鲁晓夫锃亮的脑袋，取笑他说："你的头顶摸上去真光滑，就像女人的臀部一样。"

赫鲁晓夫立即否认说："不，我可不这么认为。在我看来，这是我母亲伟大的杰作之一。因为她看到当今世界的黑暗面太多了，所以特意让我变成了一个秃子，好给大家送来一点光明。"

中年人把赫鲁晓夫的秃顶比作女人的臀部，赫鲁晓夫本人却把自己的秃顶比作带来光明的灯。哪一种幽默更胜一筹，相信大家一看便知。把秃顶比作女人的臀部，这样的幽默是粗鄙的、低俗的，会令听者觉得不舒服。而赫鲁晓夫把秃顶比作带来光明的灯，这种幽默是高雅的，是纯洁的，展现了他高尚的人格魅力。

高雅的幽默能反映出一个人高层次的语言艺术和思维智慧，既可以有效地拉近你跟对方的心理距离，又能更好地展现你的人格魅力。相反，低级趣味的幽默不仅会令对方感到厌恶，还会使你的形象一落千丈。

梅川内酷

在电影院里，一名男子含情脉脉地对女朋友说："在我的心中，你像梅花一样纯洁，像山川一般坚毅，而且很有内涵，长得也很酷。总而言之，你就是梅川内酷（没穿内裤）！"

听了男朋友的话，女子气得牙痒痒，什么话都没说，转身离开了电影院，留下男朋友一个人在那里懊悔不已。

恋爱中的女孩都喜欢男朋友用幽默的语言来赞美自己，但是案例中的男子说出的话粗鄙下流、不堪入耳，在女朋友听来是一种羞辱，自然会很生气。在爱情里，一个高雅的幽默可以为你在意中人的眼中加分不少，而一个粗鄙的幽默却会让你的形象一落千丈。

三招五式

高雅的幽默就像一道色、香、味俱全的美味佳肴，令人垂涎三尺。粗鄙的幽默就像一个没穿衣服的人走在大街上，给人一种不堪入目的感觉。把污言秽语等同于幽默，结果只会破坏对方美好的心情，让自己不招人待见。

我们一定要牢牢地记住，幽默与粗鄙的"段子"有着本质的不同。从本质上讲，幽默是智慧的闪现，是风趣的象征，而粗鄙的"段子"只是为了寻找一下刺激，纯粹是为了娱乐。二者有雅俗之别、优劣之分，粗鄙的幽默不堪入耳，只有高雅的幽默才更容易被人接受。

真正的幽默需要深刻的思想，也需要高尚的人格，说出的话应该是健康的、高雅的，所以，我们要具有高尚纯洁的人格魅力。这种境界也许我们一时难以达到，不过至少应该保持一定的精神品位，多谈一些高尚的东西，多一些精神上的交流，而不谈论那些粗鄙、下流的东西。

看人下菜碟，幽默要分清对象

[德国] 歌德

幽默只适用于有教养的人，因此并非每个人都能懂得每件幽默作品。

幽默引言

俗话说得好："一种米养百样人。"无论是性格、心理，还是文化背景、个人经历，人与人之间都有很大的差别，没有哪种幽默方式可以被用到所有人身上。如果你不了解对方，那么你苦心经营的幽默很可能得不到想要的效果，甚至还会引起对方的误解。

台湾的一位著名人士说："一个人不会说话，那是因为他不知道对方需要听什么样的话；假如你能像一个侦察兵一样看透对方的心理，你就知道说话的力量有多么巨大了！"一个真正懂幽默的人，一般可以根据对方的角色准确捕捉到对方的兴趣所在，然后根据对方的兴趣选择说什么样的话。

我们身边的每一个人，因为身份地位不同，性格各异，心情有好有坏，所以对幽默的承受能力也有差异。同样一个玩笑，有的人会因此而喜笑颜开，而有的人却会暴跳如雷。

幽默小故事

准备出嫁

女同事穿了一条漂亮的新裙子来上班，一位男士想称赞她两句，于是开玩笑说:"哟！今天穿这么漂亮呀！是不是准备出嫁呀？"殊不知，这位女同事一向很敏感，听到这话，她立即大发雷霆，气愤地说:"你这个人会不会说话呀？什么叫准备出嫁呀？难道我离婚了？还是我丈夫已经不在人世了？"一连串的谩骂令这位男士很尴尬，怎么解释都无济于事，最后一再道歉才算了事。

这个案例告诉我们一个道理，遇到小心眼的人，不要跟他开玩笑，因为他根本不懂幽默。跟小心眼的人开玩笑，你只会自找苦吃。如果遇到的不是合适的对象，我们的幽默才华将没有用武之地，甚至会导致我们惹祸上身。要想充分展现幽默才华，首先要找到一个合适的人。

武夷山对您有情

一位新加坡的老太太到中国的武夷山游览，一不小心被蒺藜划破了衣服，顿时没了游览的兴致，中途想下山。此时，导游走到老太太身边，微笑着说："老太太，这是武夷山对您有情呀。它想拽住您的衣服，让您多看它两眼，不让您着急回家！"导游短短的几句话，就像一阵和煦的春风，一瞬间把老太太心中的不满情绪吹得烟消云散。

许多老年人都墨守成规，害怕接受太新颖的东西，所以他们的思考模式都比较僵化。毕竟是上了年纪的人，反应没那么灵敏了，担心不熟悉的东西让他们反应不过来，让他们失了面子。老年人最害怕老，也最害怕被人认为老了，不中用了，所以和老年人开玩笑能让他们找到年轻的感觉。

不过，和老年人开玩笑要有分寸，因为他们接受不了太前卫的玩笑。如果你跟他们开的玩笑太过分，反而会激怒他们。

三招五式

说话看对象，要看对方的身份和职务。如果对方是领导、长辈、老师，运用幽默时就不能太随便，因为太随便显得不够尊重。如果对方是同事、朋友、同学，运用幽默时就不能太严肃，因为太严肃显得不够亲切。

说话看对象，要看对方的性格特点。性格外向的人喜欢和人交谈，性格内向的人大多沉默寡言，不善于主动与人交谈。所以，和性格开朗的人交谈，你可以侃侃而谈，不需要顾虑太多；和性格内向的人交谈，你就要注意分寸，避免无意间伤了人。

说话看对象，还要看对方的心理状态。不同的人，心理状态各不相同，就算是同一个人，不同时刻的心理状态也各不相同。很多时候，一个人的心理状态不会明显地表露出来，此时就要学会洞察对方的心理，这样才能使你们之间的交流更有效。

著名的幽默大师告诫我们：要想顺利施展幽默，就要观察听众，因人而异，根据对方的身份职务、性格特点、心理状态等选择不同的幽默方式。一个真正的幽默大师，一定懂得以谦虚的姿态接受他人的各方面信息。

注意场合，幽默要用得恰到好处

[中国] 老舍

人的才能不一样，有的人会幽默，有的人不会，不会幽默的人最好不必勉强。

幽默引言

幽默被誉为现代人为人处世的重要法宝，也是衡量一个人口才好坏的标准，甚至成为一个人是否有智慧的标准。因此，许多人都在想尽办法让自己成为一个幽默的人。虽然我们的生活中不能缺少幽默，但是很多人都忽略了一个事实：幽默并不是无所不在、无所不能的，不分场合的幽默只会激起他人的愤怒。

中国民间有一句俗话，叫"到什么山头唱什么歌"，幽默也是这样的，在什么场合就要说什么话。在生活中，熟人、朋友之间互相幽默一下，彼此开个玩笑，怎么说都没关系，可是一些特定的场合就不能开玩笑了，比如在严肃的会议上，在庄重的活动中等正规场合。

幽默小故事

坚强的人

王先生去出席一位朋友的葬礼时，想在死者的儿子面前表现得幽默一些，于是风趣地说："你的父亲生前就是一位非常坚强的人，因为他是一位著名的石匠。"

第七章 拿捏分寸，幽默要恰如其分

听了这话，死者的儿子不但没笑，反而瞪了他一眼。死者的儿子气得想揍他，只是当着这么多人的面，又是父亲的葬礼，他才一直忍着没有发作。

把坚强和石匠联系到一起制造出幽默，本是一件无可厚非的事情，可是案例中的王先生使用的场合不对。在朋友的葬礼上，大家都很伤心，他却嬉皮笑脸地说笑，并且是对死者的家属说笑，怎么能不令人愤怒？

其实，很多场合都是不适合开玩笑的。比如，在葬礼上，或者在发生重大事件的严肃场合，你展现自己的幽默反而会让人觉得你没有常识。总而言之，在庄重的社交活动中，任何戏谑的话语都可能招来非议。此时，并非幽默本身不对，而是使用幽默的场合不对。

用竹竿子捅下来的

陈毅外长主持召开过一次有关国际形势的记者招待会，在记者招待会上，他对美制U-2型高空侦察机侵扰我国领空的事件表示极大的愤慨。此时，有一个外国记者趁机问道："外长先生，请问中国是用什么武器把美制U-2型高空侦察机打落的呢？是导弹吗？"只见陈毅外长用手做了个用力向上捅的动作，风趣地说："我们是用竹竿子捅下来的。"参加会议的人一阵哄笑，那名记者也知趣地不再追问了。

陈毅外长说"用竹竿子捅下来的"很明显是一件不可能发生的事情，但是不这样回答该怎么回答呢？似乎没有更好的回答方式。如果据实相告，就不可避免地要泄漏国家的机密；如果冷冰冰地说一句"无可奉告"，就会导致会议气氛过于凝滞。陈毅外长用一句"用竹竿子捅下来的"，既维护了国家机密，又避免了自己陷入尴尬被动的局面。

在一些严肃的场合，尤其是在外交会议上，往往说者一本正经，听者不苟言笑，常常给人一种强烈的压迫感。此时，一个恰如其分的玩笑可以很好地缓解这种略显沉闷的气氛，营造一种幽默轻松的谈话氛围。

三招五式

无论在什么时候，幽默的言语都是一种情绪调节剂，能够给大家带来轻松的感觉。可是，幽默要讲究场合，在本该严肃的场合，假如你毫无顾忌地说笑，既会引起大家的反感，也会让大家觉得你不够稳重。

幽默如果不分场合，结果只会适得其反。比如，全体员工开会时，老板正在台上发表讲话，你却不分场合地突然冒出一两句俏皮话，逗得大家一阵哄笑，老板很可能会把你认定为一个纪律性差、缺乏教养的人，从此对你没什么好印象。

要想恰如其分地使用幽默，首先要选择一个合适的场合。当你发现你的幽默可以给大家带来快乐，或者为大家营造一种愉快的谈话氛围时，就可以展现出你的幽默。相反，当你发现周围的气氛不对，你所在的场合并不是一个适合幽默的场合时，就要及时收住。

幽默也有禁忌，避开别人的忌讳

[英国] 柯勒律治

缺乏幽默感的人不能算是很完善的人。

幽默引言

幽默是生活的调味品，没有笑声的生活和没有幽默感的人都是无味的。在人际交往中，开个小玩笑，适当活跃一下气氛，可以营造一种适于交谈的氛围。不过，幽默也有禁忌，既然幽默是调味品，就不能该放辣椒时放了盐，该放盐时放了醋。

施展幽默时，要认真推敲，避开别人的避讳。就算你是一个很擅长幽默的高手，在幽默时也要注意自己的言行，避免一不小心触犯了他人的禁忌，使对方陷入尴尬，产生被捉弄的感觉。

幽默小故事

老田鸡

一位新局长上任后，宴请退居二线的老局长。

酒过三巡，服务员端上来一盘炸田鸡。看到炸田鸡后，老局长用筷子点点说："老弟，青蛙吃害虫，对人类是有益的，不能吃！"

新局长想也没想，就脱口而出："没事的，都是一些老田鸡，已经'退居二线'了，不当回事了。"

听了这话，老局长脸色大变。新局长本来想幽默一下，没想到竟然触及老局长的忌讳，一时又不知道该如何解释。

老局长退居二线，自然对新局长口中的"退居二线"很敏感，听了新局长的话后，肯定会认为这是新局长在故意奚落自己，怎么能不生气呢？如果新局长这话是跟一个年轻人说，大家肯定一笑了之，可是他说话的对象偏偏是一位退休的老同志。

施展幽默一定要三思而后言，心里面一定要有底，不然大口一开，水泻千里，想拦也拦不住。说话前，先要搞清楚什么该说，什么不该说，严防触犯对方的忌讳，否则覆水难收，后悔莫及。

太性急

有一家公司的老总已经年过五十，却娶了一位年轻漂亮的太太，而且结婚刚两个月就生了孩子。亲朋好友都赶来喝孩子的满月酒，其中有一个人心直口快，而且喜欢跟别人开玩笑。

这位朋友奉上贺礼，对老总说："您的孩子太性急了，本该9个月后才出生，可您才结婚两个月，他就已经等不及了。"话音刚落，亲朋好友哄然大笑，老总又羞又恼。

中国有句古话叫"祸从口出"，玩笑不能随便开，尤其不能触及别人的忌讳，否则你们之间的友情很可能会陷入危机，甚至在今后的生活中彼此会成为死对头。懂得尊重他人的隐私，给他人留一片自由呼吸的空间，才是一个真正聪明的人。

人人都有自己的忌讳，都有一些压在心里不愿为人知的事情。在与别人的闲聊调侃中，即使感情非常好，也不能去揭别人的短，当着众人的面拿别人的忌讳当作笑料。调侃时口不择言，对方很可能会认为你是在故意跟他过不去，就算你是"言者无意"，也难免"听者有心"。

第七章　拿捏分寸，幽默要恰如其分

三招五式

所谓"说者无心，听者有意"，在聊天中，开玩笑的人往往动机是友好的，可是如果不把握好分寸和尺度，玩笑开过了头，就会产生不良后果。不要以为彼此的关系不错，就可以随意取笑对方。拿别人的忌讳做笑料，你的玩笑话很容易被对方当作冷嘲热讽，从而激怒对方，以致毁了两个人之间的友情。

俗话说"金无足赤，人无完人"，俗话又说"不要当着和尚骂秃子，癞子面前不谈灯光"，他人的忌讳应当避而不谈，给予同情和理解。与人幽默时，应该慎之又慎，避免讲一些使人联想到自身缺陷的笑话。

比如，女性朋友对自己的年龄讳莫如深，你拿她的年龄开玩笑就犯了忌讳；身材偏胖的人对"肥""胖""臃肿"等字眼讳莫如深，你拿这些词和他开玩笑，其实是在自讨没趣。与人开玩笑时，应当记住适当的原则如果你觉得自己的玩笑可能会触犯别人的忌讳，不如保持沉默。

把握好分寸，玩笑开过了也伤人

[黎巴嫩] 纪伯伦

幽默感就是分寸感。

幽默引言

许多智者都有"为人处世和说话办事要讲分寸"的劝勉，可是"分寸"究竟是什么，许多人却未必能说得清。其实，分寸是一种不偏不倚、能进能退的中庸哲学。相比"中庸"这个抽象的词语，"分寸"这个词语更加形象化，更易于让人明确地把握。

开玩笑时，有些事只能点到为止，有些事提都不能提，否则就会触犯他人的禁忌，伤了他人的面子。

幽默小故事

清正廉明

赵先生是一名机关干部，到外地出差时，他拎着一兜水果去看望一个多年没见、刚升为副处长的老同学。老同学喜欢开玩笑，见到赵先生后，很热情地把他让进屋，一边倒茶，一边指着他手中的一兜水果戏谑道："你现在怎么落魄到这个地步？都开始走后门了！本处长可是一个清正廉明的人，坚决抵制这种歪风邪气。"

赵先生听了很不是滋味，自尊心受到了严重的伤害，从此再也没有和这个副处长同学来往过。

幽默是一把双刃剑，使用得好，可以增进人际关系；使用得不好，就会伤害到别人。幽默不等同于嘲笑、讥讽，也不是轻佻地贫嘴耍滑，讽刺、嘲笑只会伤害别人的自尊和情感，阻塞沟通。

案例中的赵先生本来是好心好意看望老同学，身为副处长的老同学却戏谑说："你现在怎么落魄到这个地步？都开始走后门了！"赵先生的职位比这个老同学低，原本就有些自卑，没想到老同学偏偏"哪壶不开提哪壶"，用带有讽刺性的幽默和他开玩笑，最后严重伤害了他的自尊和情感。

恶作剧

庞先生平时就喜欢和别人开玩笑，经常搞一些恶作剧。一次，他和刚结识的一个女孩去旅游，趁女孩不注意时，他把一个安全套悄悄地放进她的包里，然后又装作若无其事地往前走。片刻后，女孩要从包里拿出手机，却意外地发现一个安全套，气得大哭起来，扭头离开了风景区。

恶作剧是生活的调味品，善意的恶作剧具有很浓的情趣，自然可以给平淡的生活带来清新的空气，让人开怀一笑。不过，过火的恶作剧却很容易伤害人，使被戏弄的对象十分不快，影响人际关系。

庞先生和一起旅游的女孩刚结识没几天，两个人还不太熟，哪怕很小的一个恶作剧都可能使二人的友谊破灭，更何况是这么大的恶作剧？许多交际失败都是这种不顾后果的恶作剧造成的，它不仅使自己陷入尴尬和困境，还会导致你在他人心目中的地位一落千丈，被人鄙视。

三招五式

一般情况下，晚辈不宜同长辈开玩笑，下级不宜同上级开玩笑，男性不宜同女性开玩笑。就算是在同辈之间开玩笑，也要注意对方的情绪好坏和性格特征。假如对方宽宏大量，幽默的尺度过大也无妨；假如对方小心眼，喜欢琢磨言外之意，幽默就得慎之又慎。

幽默不能过了头，不能挖苦和嘲笑对方，也不能用模仿对方的动作和说话的语气来取笑对方，尤其不能拿别人的种族、宗教信仰和身体残疾等来开玩笑，因为这会严重伤害别人的自尊和人格，导致彼此之间的关系恶化。如果借幽默之名达到对别人冷嘲热讽、发泄内心不满情绪的目的，那么这种幽默就不能被称为幽默了。

很多人都有自己尊崇的对象，在他们眼中，那些是崇高、神圣的事物。所以，千万不要拿他们崇拜的对象开玩笑。

不能拿不如自己的人调侃。客观地说，如果站在你的角度上，肯定有很多人不如你，可是如果总是津津乐道地笑话那些不如你的人，就很容易激怒他们。聪明的人应该在"大人物"身上找乐子，避开调侃不如自己的人。

榜样力量

崔永元：幽默让人回味无穷

崔永元是一位非常著名的主持人，也是一个喜欢自嘲的人。面对大家的调侃，他敢于在众人面前自曝其短，说自己长得丑。他还是一位实话实说的主持人，也许正是他的这种勇气和幽默成就了他独特的"崔氏幽默"，缩短了他与大家之间的距离，让观众觉得他可亲、可爱。

"异常亲切"的长相

一次，崔永元荣获江苏大学生电影节"最受欢迎男主持人"称号，他不失时机地调侃自己说："大学生们之所以喜欢我，是因为我'异常亲切'的长相。他们可能觉得我的长相像身边的同学，而身材呢，则像他们的老师。正面看，像食堂的大师傅；背面看，却像她热恋中的男友。"这段话刚说出口，顿时赢得满堂喝彩。

胡说八道

在敬一丹的新书发布会上，崔永元风趣地说，他和水均益、白岩松有烦心事时喜欢找敬一丹开解，敬一丹一般会认真地听，然后在关键时刻点拨一二。不过，崔永元说，他找敬一丹，主要是谈工作上的烦心事，而白岩松和水均益却不同。"老白（白岩松）找敬大姐呢，一会儿让老白自己说。小水（水均益）找敬大姐做什么，他自己不会说的，所以还是我来说吧。主要是感情上的事。"崔永元调侃说，"其实在感情方面，敬大姐也不是高手，小水的经验更多。但为什么小水要找敬大姐？因为敬大姐会在关键之处点拨他一下。所以我们都说，小水长得风流倜傥，但是没有绯闻。"说过后,崔永元向台下望去,发现水均益的女儿也在现场,连忙说:"我突然发现你女儿在你身后,原谅叔叔胡说八道啊,你爸爸不是那样的人。"

方言很盛行

一位大学生问崔永元:"都说你崔永元语言了得!你会说方言吗?我会多种方言,你敢和我比比吗?"(大学生说了广东话、客家话和闽南语,崔永元一句也听不懂,大学生非常得意。)

崔永元一本正经地问:"请问你叫什么名字,哪个学校的,学校在什么地方,哪个班级,住哪个宿舍……"

大学生不解其意,问:"你问这么详细干什么?"

崔永元风趣地回答说:"啊!没什么,我回北京以后,抽个时间向国家语委报告,在广州的某个学校,有一个不提倡讲普通话的角落,方言很盛行,请他们来查查!"

第八章
幽默给点力,职场才能更得意

在职场中,幽默的求职者最受欢迎,幽默感能够消除职员和上司间的距离,办公室里的"开心果"更容易建立良好的同事关系。另外,给同事提意见,缓解工作压力,"毛遂自荐"……都离不开幽默。本章告诉你这样一个道理:要想在职场中更得意,一定要幽默一些,化身职场中的"开心果"。

请出幽默，助面试一臂之力

[英国] 培根

善谈者必善幽默。

幽默引言

我们走入职场时，最先经历的并非"办公室政治"，而是面试。面试是经组织者精心设计，以面试官对求职者的面对面交谈与观察为主要手段，由表及里测评求职者的经验、能力、知识等相关素质的一种考试。要想顺利走入理想的平台，就要成功通过面试。

在生活中，幽默的人最受欢迎，而在职场中，幽默的求职者同样最受欢迎。幽默口才是成功通过面试的助推器，可以提高面试的成功率。假如你懂得在面试的过程中注入幽默的成分，就一定会收到事半功倍的效果。

幽默小故事

能喝酒吗

面试官问："你能喝酒吗？"

面试者回答说："这二十几年来，我从来没有喝过酒，不过，如果工作有需要，肯定喝；工作不需要，但是领导有要求，也得喝；客户有要求，喝；有酒量，喝，没酒量，创造酒量也要喝；实在喝不下去了，吃解酒药也要喝；喝得烂醉如泥、不省人事、胡言乱语，那也不能说我这个人工作态度不行，不过得麻烦领导直接把酒灌进我嘴里，只要能灌进去就可以。我只有一个要求，酒场结束

第八章 幽默给点力，职场才能更得意

后，得帮忙把我送到医院去。"

面试时，面试官经常会问："你能喝酒吗？"一般的面试者都会直接回答自己的酒量是多少，其实这样的回答千篇一律，没有什么特色，很难给面试官留下深刻的印象。此时，与其一本正经地回答，说出自己的酒量，倒不如幽默一些，表明自己对待工作的态度。

除了这个问题，面试官有时还会问"你能接受出差吗""你谈恋爱了吗"等问题，如果你一本正经地回答，凸显不出你对工作的态度，也显得你的回答太过平淡。遇到类似的情况，你可以运用幽默，表明自己的工作态度。比如，问你能不能出差，你可以回答说："短期的，可以；长期的，也可以。短途的，可以；长途的，也可以。和女上司一起出差，可以；陪男上司一起出差，也可以。有出差补助，我就坐火车，住宾馆，下馆子；没有出差补助，我就坐驴车，睡马路，泡方便面。"

会唱歌

有个年轻人到麦当劳找工作，应聘麦当劳的小时工。
人事经理问他："年轻人，你都会做什么呢？"
年轻人回答说："我什么都不会，不过我会唱歌。"
人事经理说："那你能唱首歌给我听听吗？"
于是，年轻人开始唱："更多选择，更多欢笑，就在麦当劳！"
人事经理听了年轻人的歌声，情不自禁地笑了，随后又问了他一些与麦当劳相关的问题。最终，年轻人顺利通过面试。

在面试的过程中，年轻人巧妙回避了面试官的刁难，借助幽默的力量回答面试官的问题，先以唱歌的方式说出了麦当劳的广告语，既逗乐了人事经理，又赢得了赏识，获得了工作机会。面试的过程，其实就是自我推销的过程。有些人脸皮薄，往往羞于开口，其实我们大可不必如此。羞涩的时代已经过去，如今许多面试官都很赏识那些敢于推销自己的面试者。

三招五式

为了不把庸才当人才，面试官也许会在面试环节设置各种语言陷阱，以探测你的性格、智慧、应变能力和心理承受能力。求职者必须识破这些语言陷阱，巧妙地绕开它们，不至于让自己一头栽进去。

求职者和面试官彼此并不认识，求职者要想在短短的几句话中表现出自己的优点，给面试官留下一个难忘的印象，就要说几句幽默话，以随机应变的思维和幽默的才能征服面试官。

在面试时，许多用人单位还会问你离职的原因，通过这个问题检验你对新单位的忠诚度。这是一个关键性问题，回答得不够巧妙，很可能功亏一篑，在面试的最后一个问题上"栽跟头"。其实，你完全可以运用幽默，巧妙地回答自己离开上一家公司的原因。比如，一位面试官问求职者："郭小姐，你人很漂亮，学历也很高，为什么离开上一家公司，难道领导不喜欢你？"郭小姐回答说："漂亮正是我离开的原因。我宁愿事多累下人，也不愿领导'情多累美人'。在您手下工作，一定可以省去很多不必要的累。"

用幽默感消除和上司间的距离

[美国] 凯瑟琳·桑德森

如果你能使一个人对你有好感，那么，也就有可能使周围的每一个人，甚至是全世界的人，都对你有好感。只要你不只是到处与人握手，而是以你的友善、机智和幽默去征服对方，那么空间距离就会消失。

幽默引言

在职场中，对我们的前途影响最大的就是我们的领导。在领导面前，如果我们可以想方设法说一些俏皮话，就可以让领导会心一笑，拉近和上司之间的距离，达到推销自己的目的，更容易得到领导的赏识。如此一来，我们在职场中自然会如鱼得水。

美国人力资源管理专家科尔曼说过："职员能否得到提升，很大程度上不在于是否努力，而在于老板对你的赏识程度。"对于很多员工来说，最大的苦恼莫过于工作努力，却无法赢得上司的赏识。其实，要想赢得上司的赏识，首先要主动拉近和上司之间的距离。

幽默小故事

像董事长退休时的心情

某家公司的某个职员被调到分公司工作，人事部经理怕他有不满情绪，于是安慰他说："你不用太难过，用不了多长时间，我还可以把你调回总公司来。"

那位被调走的职员毫不在乎地说:"不,我一点儿都不难过,只是觉得现在的心情就像董事长退休时的心情一样。"

被调到分公司,这位职员不仅没有难过,还用一句幽默的话来宽慰人事部经理的心,瞬间拉近了与上司之间的距离。在面对工作中的困难时,我们不仅要调节好自己的心态,还要运用我们的幽默给上司带去快乐,让他们知道我们是以良好的心态投入到工作中的。如此一来,在工作中,我们就可以取得他人的支持,从而帮助我们摆脱工作困境。

有时,由于工作需要,我们不得不接受人事上的变动,到不喜欢去的城市工作,或转任较低职位的工作。越是在这个时候,越能考验一个人的工作态度,越能拉近和上司之间的关系。其实,世事变化无常,我们大可不必为此忧虑,因为对我们来说,就算被降职,也是一次拉近和上司之间的关系的大好机会。只要我们学会运用幽默,就可以巧妙地帮自己解围。

蟑螂只爱吃中餐

小盼是一家跨国企业的部门秘书,她的部门经理是一个女老外。一次,小盼给她送午餐,脚下一滑,打翻了餐盒,所有的东西都洒落在地毯上。看到这种情况,女老外非常激动,气冲冲地说:"你怎么搞的?赶紧清理干净,否则我们的办公室到处都是蟑螂。"

面对上司的叫嚣,小盼没有自乱阵脚,而是一边打扫一边回答说:"您放心,经理,这种事情是不可能发生的,因为中国的蟑螂只爱吃中餐。"

在工作中,遇到难缠的上司并不是什么稀罕事,假如不想点幽默的点子,就很难应付这种上司。案例中的小盼抓住了上司的文化背景和职场习惯,看准时机幽默一下,最终缓和了自己和上司之间的尴尬气氛。

其实,能否拉近与上司之间的距离,直接考验了我们解决麻烦、处理事情的能力。永远不要忘记,幽默是人际障碍的克星,只要我们懂得幽默,就可以用自己的聪明才智拉近与上司之间的距离,轻松消除与上司之间的隔阂,在工作中实

第八章 幽默给点力，职场才能更得意

现自己的目的。

三招五式

很多职场人士都有过这样的体验：只要上司在场，空气就瞬间凝固，很多人都埋头苦干，大气都不敢喘，更不用说和上司说笑了。就算是遇到工作问题需要向上司汇报，很多人也是提心吊胆的，唯恐哪句话说得不好得罪了上司。在他们看来，和上司说笑是永远都不可能发生的事情，这无异于痴人说梦。

许多岗位的职员都难免要跟上司打交道，你不能因为担心领导不高兴而缩手缩脚的，更不能一味地逃避。在公司中，许多福利和待遇都要靠自己去争取，要想对自己更有利，就要主动和上司沟通。这就要求我们具有比较强的语言表达能力，掌握和上司沟通的技巧，而巧用幽默有助于拉近你和上司之间的距离。

幽默的确可以拉近和上司之间的距离，但是任何事情都不是绝对的，和上司之间的距离也是同样的道理。假如你不认真工作，整天只知道围着上司转，妄图通过说几句俏皮话赢得上司的欢心，或者游手好闲地坐在那里等待上司安排工作，无形中只会拉开与上司之间的距离。

幽默提意见，同事之间好相见

[中国] 黄宏

幽默是最好的灵丹妙药。

幽默引言

在工作中，为了工作的顺利开展，为了协调好各部门的关系，我们难免要与同事进行沟通。有时候，同事的言行出现不足之处，需要我们提意见，如果我们提意见的态度和方式太过强硬，就会引起同事的不满，从而影响我们在职场中的人际关系，甚至影响我们的前途。

如果同事犯了错误，你直接提意见，就很容易使对方心生芥蒂，甚至使双方发生争执。如果因为给同事提意见的方式不恰当而发生争执，在心理和感情上蒙上一层阴影，给日后的相处带来障碍，就得不偿失了。所以，当同事犯了错误时，你不妨以幽默的方式提出来，既拉近了彼此的心理距离，又在和谐的氛围中达到了令同事改正错误的目的。

幽默小故事

晚上有约会吗

一天，负责考勤的男同事找到公司里的女员工小雪，故作含情脉脉地问："美女，请问晚上有约会吗？如果没有的话，我想……"

听了男同事的话，小雪一阵激动，以为他要约自己，连忙回答说："没有约会，不过，你想干什么？"

男同事微笑着说:"没有约会?那就好,我想……我想请你……请你今天晚上回去早点休息,保证充足的睡眠,那样明天你就不会迟到了。"

男同事想提醒小雪晚上早点休息,省得第二天上班又迟到,但是又担心伤害了她的自尊心,引起她的反感。于是,他想了一个主意,问小雪晚上有没有约会,故意把小雪往错误的方向引导,再出人意料地提出意见,在轻松的氛围中提醒她晚上注意休息,第二天千万别迟到。

每个人都有自尊心,不注意提意见的方法,很容易伤了别人的自尊心。运用幽默的方式提意见,是善意的提醒,表达得又比较委婉,所以很容易让人接受。

换个新教练

某公司本月的销售业绩非常低。

在月底总结会议上,主管斥责下属:"你们拿出这样的业绩给我看,是不是不想做这份工作了?如果有人不想做这份工作,可以提出来,我找人代替你们的岗位。"

最后,他指着一名曾经做过足球队员的员工问:"假如一支足球队总是失败,队员们就必须全部换掉。对吗?"

那名员工回答说:"既然您问,那我就实话实说了。如果一支足球队总是失败,被换掉的往往是教练。"

销售业绩低,主管没有从自身找原因,反而对下属大声呵斥,这对下属来说是不公平的。可是,如果直接反驳主管,不仅起不到任何作用,还会搞僵与主管之间的关系。这位员工用"换教练"这种说法,委婉地提出了主管存在不足的意见,促使主管对自己的不当行为进行反思。

在职场中,很多同事都是聪明人,不需要直接提意见。巧用幽默提意见,让人听起来更顺耳,也更容易接受。因此,我们不妨用幽默来表达自己的看法。尤其是在向上司提意见时,更要学会用巧用幽默,这样才不至于得罪了上司。

三招五式

　　同事之间难免会有不同的看法，提出自己的意见时，语言是否得体是至关重要的。有些人不懂得怎么给同事提意见，一张口就说"你能不能长点脑子""你什么都干不好""你以后别再迟到了，把公司当你自己家了？上班还这么随意"等，殊不知，这种提意见的方式最伤人，因为语气中充满了对同事的绝对否定。如果加一些幽默的元素，提意见的效果就大不一样了。

　　当你对同事的做法心生不满时，要学会克制自己的情绪，委婉地表达自己的意见。幽默式提意见，可以使同事在欢快的氛围中反思自己的错误，避免同事心生芥蒂，对你的意见产生抵触情绪。

　　给人提意见，首先要以尊重对方为前提，不可伤害对方的自尊心。另外，我们还要有一个真诚的态度，让同事觉得我们是善意的，而不是故意在挑他的毛病。这就要求我们具有宽广的胸怀，对同事无意间犯下的错误给予充分的理解。

缓解工作压力,让幽默来帮你

[中国] 多林

办公室的幽默感有一个微妙的临界点,当你越过此点时,别人会把你当成乳臭未干的小子。

幽默引言

在当今社会,人与人之间的竞争非常激烈,工作压力已经成为职场人士的主要压力,如果处理得好,压力就可以转化为动力,如果处理得不好,压力就成了持续的阻力,影响工作的积极性。

我们不得不承认一件事,就算是对工作狂来说,上班也是一件十分辛苦的事,不仅要正襟危坐地坐8个小时,手里还有一大堆工作要去处理。因此,如果你能营造一个温馨的工作氛围,调整好大家的心情,就能让大家干劲十足,极大地提高工作的效率。

幽默小故事

把支票递给他

有两位保险业务员,他们来自不同的公司,争相夸耀各自的保险公司赔付的速度快。第一个人夸耀说,在意外发生的当天,他的保险公司就可以把支票给保险人送去。

第二个人夸耀说:"这没什么了不起。这么说吧,我们公司所在的大厦总共有32层,而我们公司在20楼。假如有一天,一个投保人从大厦楼顶上跳下来,经过20层时,我们已经把支票塞到他手里了。"

很明显,第二个人的话太滑稽了,是不可能成立的。不过,这种幽默缓解了他的工作压力,调剂了他的生活。保险行业是一个压力很大的行业,不懂得为自己减压,时间长了压力越来越大,却得不到有效释放,必然会对自身的健康造成很大的危害。

去欧洲开会

有一位公司经理向老板呈递公文,汇报说:"下个月欧洲有一批订单,我认为公司应该派人去那里。"看过公文后,老板在公文后写下一个词:"Go ahead"。经理收到后,立即订机票和酒店,规划往返行程。老板的秘书知道后,对他说:"您是不是误会了老板的意思?"经理回答说:"没有呀,他不是写了'Go ahead'吗?"老板的秘书回答说:"到咱们公司这么久了,难道你还不清楚老板的英语水平?他的真实意思是:去个头!"经理听到后不但没生气,还哈哈大笑。

开玩笑也要看人"下菜碟",确保对方是一个宽宏大量的人,否则就不能运用这种方式。知道老板的意思后,经理没有生气,而是哈哈大笑。这说明经理是一个胸怀宽广的人,不会因为别人的玩笑而生气。如果经理是一个斤斤计较的人,这种玩笑很可能会起到适得其反的效果。

在工作中,同事间偶尔开个玩笑,互相调侃一下,不仅不会影响工作,还会给人们带来笑声。我们都知道,在办公室中,谁都不愿一整天待在沉闷的气氛里,偶尔幽默一下既不会影响工作,又能给同事带去欢笑,释放压力。幽默的人总是可以保持愉快的心情,工作效率也总是比别人高。

三招五式

在工作中,只要你不把所有事情都看得特别严肃,就可以轻而易举地拥有幽默感。就算你觉得自己的幽默感不太好,也没什么关系,因为幽默感可以通过学习、锻炼而得到提高。比如，你可以多阅读书籍，多观看一些幽默电影，或者观看一些喜剧，通过这种方式提高自己的幽默感。

刚开始练习幽默的人，需要注意一点：假如你没有在办公室里和同事讲过滑稽的话，就只能慢慢变得幽默起来，不然别人就会觉得你出了什么意外。刚开始，你可以对你自己来一点幽默，比如像自我打趣似的，拿你自己的小弱点制造幽默，这样就不会触犯他人。有时候，彼此攻击也是一种不错的制造幽默的方法，不过，对于初学者来说，应该避免运用，因为很可能会触犯他人。

我们不仅要完成工作任务，而且要高效完成工作任务。因此，用什么样的态度去面对工作是非常重要的。在办公室中，如果我们经常板着脸，郁郁寡欢，那工作还有什么乐趣呢？假如心情不好，对工作没了热情，效率也就不会提高。

巧用幽默毛遂自荐，离晋升更近一步

[中国] 林语堂

我很怀疑世人是否曾体验过幽默的重要性，或幽默对于改变我们整个文化生活的可能性——幽默在政治上，在学术上，在生活上的地位。它的机能与其说是物质上的，还不如说是化学上的。它改变了我们的思想和经验的根本组织。我们须默认它在民族生活上的重要。

幽默引言

有些人认为，随着时间的推移，自己的业绩不断增加，职位就可以不断提高。职场上那些按部就班的人，确实深得老板的喜欢，因为他们不发表意见，不抱怨，只做好分内的工作。不过，如果一个人完全不和同事交流，不和老板沟通，十年如一日地默默无闻，就很难遇到升迁的机会。

在公司里，领导掌握着生杀大权，直接决定着员工的前途。要想在职场中顺风顺水，只干好自己分内的事，每天在公司埋头苦干根本不行，还要学会用幽默"毛遂自荐"。说话幽默，就会很容易赢得领导的赏识，前景自然一片光明。

幽默小故事

提前擦干净

周末过后，周先生早早地来到了公司，把部门经理的椅子擦得干干净净的，像面镜子一样。

部门经理上班后,听说是周先生帮自己擦的椅子,于是把他叫到跟前,对他说:"你为何要把我的椅子擦得这么亮呢?"

周先生微微一笑,回答说:"因为我在想,等您晋升后,您的这个座位有可能会成为我的,我这是提前擦干净。"

在上司面前,不懂得说几句俏皮话,就无法起到语惊四座的效果,自然也就无法让上司对你另眼相看,更谈不上有晋升的机会了。周先生说话幽默,巧妙的一句话,既是在祝愿部门经理在职位上有所提升,又是在提醒部门经理自己的进取心,真是一箭双雕。

不过,令人遗憾的是,下属和上司说俏皮话的机会并不是太多,因为很多上司都板着一张脸,不给下属说俏皮话的机会。另外,如果下属突然在上司面前把玩笑开得很大,还会损伤上司的威严,那就划不来了。

一定要真的加班

由于工作需要,经理经常让下属加班到很晚。一次,经理对下属说:"非常抱歉,昨天让你加班到很晚,不知道下班后你太太有没有抱怨?"

下属回答说:"没有抱怨,反倒很支持。"

经理问:"什么?很支持?"

下属回答说:"是呀,今天早上我出门时,我太太对我说:'亲爱的,你今天晚上还会加班吗?'"

"那你是怎样回答她的?"

"我对她说:'没错,应该会加班的。'"

"那她是怎么说的?"

"我太太说:'那你一定要真的加班啊!不要回家这么早哦!'"

经理让下属经常加班,实际上是对下属的器重,或者是因为工作上离不开下属。这是一个积极的信号,下属不应该产生抵触心理。当被问及家人是否支持加班时,如果回答说支持,很难赢得领导的信任,因为没有哪个家人会支持加班。

但是，如果实话实说，又不利于自己的前途。倒不如委婉地表达，既表现出自己愿意加班的态度，又让领导看到自己在工作上的牺牲。如此一来，不仅能给经理留下一个好印象，还会使经理在选贤任能时首先考虑到自己。

三招五式

在当今社会，有许多职场人士都在积极地进行自我推销。虽然能力的高低是最重要的影响因素，但是推销方法是否高明已经成为决定成败的关键因素。有些人才华横溢，工作能力很强，却因为方法不到位而没能给上司留下一个好的印象。

有些人觉得自夸可耻，可是事实告诉我们，它是一种不错的宣传方式，可以有效吸引领导的注意，使自己离晋升更近一步。

不过，向别人推销自己时，如果言辞太过自夸，也许这个讲究含蓄的社会很难接受。自夸的话经常给人一种吹牛的感觉。不过，同样是一句自夸的话，假如以一种幽默的方式说出来，听起来就不那么刺耳了。

榜样力量

李静：懂幽默就是能率性而为

李静是一位颇有名气的电视节目主持人，2000年开始主持《超级访问》，2006年主持《美丽俏佳人》，2007年主持《非常静距离》。2008年创办了乐蜂网。她率性而为，胆气过人，是一位风趣幽默的人，高兴时就在节目上没心没肺地大笑，伤心时就陪着嘉宾一起偷偷抹眼泪。

回应不和传闻

有娱评人称杨澜和李静不和，面对外界的众说纷纭，李静煞有介事地调侃："关于我看到新闻传我们不和之事，要郑重说明一下：的确不和，谁让她比我瘦比我高呢，气人！"间接否认了不和传闻。

巧答主持人

一次，《天下娱乐通》的主持人问李静："如果要与雪村、刘欢、赵本山这几位明星传绯闻，你会选择谁？"

李静回答说："作为一个孩子的妈妈我怎能在那么多人面前说去爱别的男人，所以我选择去死……"

主持人又问："如果要用'难看'来形容赵薇、袁泉、瞿颖，你会选择谁？"

李静回答说："答案很简单——我！我最难看行了吧？其实我没那么难看，但是和她们比起来我最难看！"

主持人又问："哪位明星最难采访？"李静回答说："没有，全都被搞定了！"她还借用了阿庆嫂的一句话——"来的都是客，全凭嘴一张。"

抠鼻子

在一次节目上,主持人问李静:"录制节目的时候,你是否会有小动作,例如抠鼻子之类的?"

李静幽默地回应:"我从来都是想抠就抠,可是被导演剪了。"

观众听罢大笑不止。

第九章
笑语"赢"人，多对下属来点幽默

不苟言笑、冷若冰霜的领导，经常给下属一种不近人情的印象；具有幽默感的领导，往往可以调节好自己和下属之间的关系，促使下属更好地投入到工作中。所以，要想成为一名优秀的管理者，让下属能够和自己齐心协力，不妨在下属面前幽默一些，提升你的亲和力，拉近和下属之间的距离，使沟通变得更容易。

激励员工，幽默一点更易出效绩

[德国] 恩格斯

幽默是具有智慧、教育和道德上优越的表现。

幽默引言

如今，市场竞争越来越激烈，对于管理者而言，激发员工的创造性和积极性十分重要，所以，采用什么方式激励员工起着非常重要的作用。许多管理者采用了大量的激励政策，收到的效果却微乎其微，很难让员工按照要求行事。

激励员工时，很多管理者都已经习惯"你很努力，我看好你""你干得不错，加油"等。这种千篇一律的激励方式，效果并不是太好，时间长了，员工就不会再信以为真了，干劲和动力也会因此失去。

那么，如何才能让你的激励效果更好呢？不妨幽默一点，用这种新奇的方式激励你的下属。在现代管理中，许多领导对下属的激励都采用了幽默的方式，也收到了不错的效果。

幽默小故事

能拿得出的唯一奖励

美国福克斯公司刚成立时，急需一项关键的技术。一天，一位科学家突然想出一个解决问题的方案，于是闯进了总裁的办公室。听了科学家的解决方案后，总裁觉得这是一个非常不错的想法，想立即奖励这位科学家，可是环顾四周，却没有发现任何有价值的东西。最后，总裁抱歉地笑了笑，对那位科学家说："这是我能拿得出的唯一奖励了。"科学家一看就笑了，原来总裁手中拿的竟然是一根香蕉。

对于科学家的贡献，总裁急于给予奖励，却没有准备任何东西，只发现了一根不值钱的香蕉，于是以香蕉作为奖励。这种奖励方式具有戏剧性幽默，既表达了总裁的感激心理，又表现出总裁给予回报的急切心情。

我们都有体会，当取得某种成果或做出某种贡献后，不仅自己会喜不自胜，还希望他人分享这种喜悦。此时，高薪、奖金、福利固然有一定的激励作用，但是上司用幽默的语言激励几句效果更好，它能让下属觉得这是由衷的祝福。

酷睿双核

一次，主管说："我的头脑已经落伍了，最多算是486的配置，但是你们年轻人的头脑可是酷睿双核呀。既然配置已经升级，那速度也应该升级，所以应该尽快整理出那份报告材料。"

员工笑了笑，回答说："您放心，我一定尽快完成。"

在上司和下属之间，由于本身存在着管理与被管理的关系，所以他们之间始终有一种所谓的"人际落差"，也就是说，他们很容易在某个具体问题上发生意见分歧，矛盾也由此产生。许多上司和下属之间保持着紧张关系，其实就是因为这个原因。

不过，懂幽默的上司善于运用幽默与下属进行沟通，以此避免与下属发生矛盾。懂幽默的上司，遇到比较急着完成的工作任务时，往往使用幽默的言语，就能激励员工，使员工工作效率大增。

三招五式

一名优秀的上司对下属不能太过严厉，更不能成天沉着脸，那样不仅无法增加在下属心目中的威信，还会让他们更加疏远你。因此，应该适当展现出自己幽默风趣的一面，以此树立一种和蔼可亲的形象，融洽和下属之间的关系，带动下属工作的热情,增强公司的凝聚力。

　　作为领导,假如不能激发自己的员工与你一起奋斗,即使你拥有再强的能力,也无法壮大公司。因此,领导者应该发挥自己的领导艺术,平时幽默一点,这样更有助于你激励员工,提高员工的工作效率。

　　幽默的激励所产生的效果是不言而喻的,有了这种鼓励和肯定,下属一定会心情愉快,干劲十足。可以说,幽默激励法是成功管理的制胜法宝。

第九章 笑语"赢"人，多对下属来点幽默

幽默能美化你在下属心目中的形象

[英国]帕金森·鲁斯特莫吉

你不能老是板着面孔与人相处。幽默感是最重要的，它会使你的工作变得更为容易，同时也会给你的职工的生活带来深受欢迎的阳光。

幽默引言

很多领导者为了树立威信，总是不苟言笑、冷若冰霜，经常用严肃、命令的口吻和下属沟通。虽然这样做能保持领导者的威严，但是会影响其在员工心中的形象。

每一位领导都希望给下属留下好印象，希望把自己的热情、宽容、幽默、友善等优点展现给别人。不过，领导者和下属接触的机会有限，想一股脑儿地展现出所有的优点是不现实的。此时，领导者可以用幽默美化在下属心目中的形象。

幽默可以提升你的亲和力，拉近和下属之间的距离，使沟通变得更容易。具有幽默感的领导，往往可以调节好自己和下属之间的关系，促使下属更好地投入到工作中。

幽默小故事

请他等我一下

有一位大企业的主管汤姆出差回来，刚来到公司，就听到自己的下属们在哼唱亨德尔的神曲《弥赛亚》。职员们发现领导回来了，立即停止了哼唱，四散离

开了，急匆匆地回到了自己的电脑桌。

看到这种散漫的状况后，汤姆并没有发火，而是对员工们说："刚才我似乎听到弥赛亚到我们这里来了，这么有名气的人，你们为什么不让他等我一下呢？"

和员工们在一起时，要放下架子，时不时地和员工开个玩笑，保持一种轻松、幽默的氛围。案例中的主管看到自己的员工工作散漫，并没有发火，也没有摆着领导的架子教训别人，而是说了一句玩笑话，缓和了紧张的氛围，提升了亲和力，美化了自己在下属心目中的形象。

领导并不意味着一定要高高在上，更不意味着一定要和员工拉开距离。一般情况下，那些平易近人的领导，往往更能够得到员工的认可。所以，身为领导，先要在员工心中树立一个良好的个人形象，这样才有助于与员工沟通。

蜡烛的芯

公司销售部经理辞职，留下一个空缺，销售部的精英们个个摩拳擦掌。公司研究决定，让新入职员工刘程担任销售部经理一职。

刘程知道大家心里不服，于是在上任的第一天挖空心思施展自己的幽默才能："咱们销售部人才辈出，谁当经理都有一大堆人不服，公司领导没有办法，只能找一个能力不如你们的平庸之辈来当经理。都说'傻人有傻福'，可是我觉得我这个'傻人'就像蜡烛的芯，看上去很亮，又位于蜡烛的中心和最高点，但是我自己根本不能点燃，必须仰仗同事们的蜡油才能点燃。因此，我拜托各位同事，全靠你们帮助了，千万别把我烧焦了。"

一个风趣幽默的领导者，很容易获得下属的好感。假如你时常幽默一下，周围的同事自然愿意和你相处，甚至会把你当作工作上的伙伴和生活上的朋友，而不是把你当作敌人和对手。

一位心理学家说："幽默可以润滑人际关系，消除紧张，减轻生存压力，把我们从各种自我封闭的境况中解脱出来，使我们找到益友，增强信心，在人生的道路上知难而进。"幽默可以化解矛盾，也可以弥合分歧，所以优秀的领导不能在下属面前只表现出自己严肃、认真的一面，还要展现出自己风趣幽默的一面，树立一种和蔼可亲的形象，带动员工工作的热情。

三招五式

管理者进行管理的目的是什么？是让自己的下属能够高效和高质量地完成各项工作，这就需要管理者为员工营造一个轻松愉悦的工作气氛。那么，如何营造轻松的工作氛围呢？自然少不了你的幽默。

幽默是一种智慧，具有这种智慧的领导，必然会拥有强大的号召力。利用幽默创造轻松的氛围，利用幽默赢得人心，自然就赢得了事业。

需要注意的是，用幽默赢得人心一定要注意场合和内容。只有善意的幽默，才可以增加别人对你的信任度，使你成为得人心的领导。相反，假如你的幽默缺乏善意，就无法赢得下属的信任，甚至会让下属感到反感。

用好幽默这块"磁石",和员工打成一片

[中国]钱钟书

幽默提倡以后,并不产生幽默家,只添了无数弄笔墨的小花脸。

幽默引言

在美国,假如官员不懂得幽默,就很难博得选民的欢心,也没办法从最底层一步步竞选上来。因此,美国领导人经常在公众场合和大家说笑话,这既是最基本的"亲民"手段,也是赢得选民支持的绝佳途径。

实际上,这条处世哲学不仅适用于官场,同样适用于职场。试想一下,假如你身边有一位幽默风趣的同事,你是否愿意和他共事呢?相信很多人都会主动靠上前去,因为擅长幽默的人亲和力都不会太差。

幽默小故事

爱花钱的妻子

一天,一位同事抱怨说:"就算钱包里层是用捕蝇纸做的,我妻子的钱也不可能留在钱包里过夜。"

另一位同事接过话茬说:"我妻子也很喜欢花钱,可是她不允许我用'奢侈'这两个字来形容她,而是希望我找一个新词。"

听到他们的对话,部门经理走过来,笑着说:"你们的妻子已经是好样的了,我妻子晚上做梦都在逛商场,说梦话经常大喊:'服务员,这个给我包起来!'"

第九章　笑语"赢"人，多对下属来点幽默

在办公室里，一帮男人讨论女人花钱的问题时，往往能找到共同语言。其实，他们并非真的特别讨厌自己的妻子花钱，而只是想用这种方式与其他同事打成一片。和下属讨论这些问题时，假如你说话幽默，也不失为一个加强情感沟通的好机会。

幽默能让人感到亲切，懂得幽默的管理者，可以让下属体会到工作的轻松与愉悦。如果你想和下属搞好关系，和下属打成一片，用好幽默这块"磁石"，无疑是一条不错的捷径，也是一种有效的手段。

不知道谁是总统

美国前总统林肯的幽默是家喻户晓的。一天，一位新任的部长来见林肯，林肯一边走，一边和他交谈，不知不觉来到了一个走廊，发现一队士兵正在那儿等候，准备接受总统训话。

看到总统走来，士兵们一阵欢呼。此时，这位新任的部长还没有反应过来，直到一位副官请他往后退，他才恍然大悟，意识到自己的失礼。

新任的部长十分尴尬，林肯不失时机地说："先生，也许士兵们根本不知道谁是总统。"

林肯的幽默给了下属一个台阶，既化解了尴尬，也在士兵们面前展现了自己和蔼可亲的一面。

幽默具有无穷的力量，它就像一块磁石，总是具有非凡的吸引力。懂得幽默，可以润滑人际关系，减轻工作压力，使人们从各种自我封闭的环境中解脱出来。聪明的领导从来不会吝啬自己的幽默，懂得如何利用幽默和员工打成一片，拉近与员工的心理距离。

三招五式

大多数人宁可被开玩笑，也不愿意被人忽视。也就是说，与人交往时，每个人都希望得到他人的关注和尊重。所以，要想通过幽默拉拢人心，就要通过幽默的言谈让对方感觉被关注，使其心情愉悦，从而提升对你的信任度。

在人际交往中，被人轻视是最大的侮辱。你只需要关注对方、尊重对方，自然而然就能使其成为你的"忠实粉丝"。不过，一定要注意的是，并不是所有的幽默都可以笼络人心，只有善意的幽默才能赢得他人对你的信任，拉近彼此之间的心理距离。

批评有窍门，对犯错的员工幽默点

［德国］恩格斯

　　幽默是表明工人对自己事业具有信心并且表明自己占着优势的标志。

幽默引言

　　如今，生活和工作的节奏加快，在忙碌的工作中，员工难免偶尔犯错误。上司对其进行批评教育也是一项必不可少的工作。不过，批评员工时，批评的方式各不相同，产生的效果也各不一样。

　　上司批评员工时，不能想说什么就说什么。聪明的管理者应该明白，让员工能够发自内心地接受批评，这才是管理的目的。如果员工犯了错误，上司对其进行大声斥责，不仅达不到批评的目的，还会导致情况变得更糟。此时，假如上司能够用幽默轻松的方式让员工意识到自己的错误，就既能达到让员工改正错误的目的，又能让上下级的关系变得和谐融洽。

幽默小故事

死而复生

　　王先生是一家公司的职员，一天，他找了个借口，对总经理说："我外婆去世了，所以需要请一天假，回家参加外婆的葬礼。"没想到，总经理第二天就识破了他的谎言，知道他是故意编造理由请假不上班的。

　　第二天，总经理问王先生："小王，你相信人能死而复生吗？"

王先生不假思索地说:"怎么可能呢?世界上会有这种事?"

总经理说:"我亲眼所见,你昨天请假参加你外婆的葬礼,今天她就来公司看望你了,现在就在我办公室,这不是死而复生吗?"

听了总经理的话,王先生羞愧地低下了头,并主动向总经理承认错误。

总经理的幽默中透着睿智,在轻松的氛围中巧妙地批评了王先生,让他主动承认了错误。有时候,面对员工的错误,不要轻易批评,不妨用幽默的方式提醒对方。这样既能收到更好的效果,又能让上下级的关系更进一步。

在工作中,假如你想成为一位受下属尊敬的领导,就要具备幽默的能力。都说"良药苦口利于病,忠言逆耳利于行",其实,真正的批评未必要逆耳。幽默的批评与指导可以让你在管理员工时达到事半功倍的效果。

人性化闹钟

公司里有一名职员经常迟到。主管把他找来,面带微笑,对他说:"你最近经常迟到,应该是闹钟出了问题。因此,我打算给你定制一个人性化的闹钟。"

职员不明就里,茫然地问:"人性化的闹钟?什么意思?"

主管风趣地说:"这个闹钟先闹铃,如果你不醒,它就鸣笛;如果你还不醒,它就敲锣;如果你依然不醒,它就发出爆炸声;以上方法依然无效,它就朝你喷水。假如所有这些方法都叫不醒你,那它就会自动打电话给我帮你请假。"

大多数管理者对经常迟到的员工都会给予严厉的批评,而且迟到次数越多,批评得越严厉,甚至不留情面地说:"如果再迟到,以后就不用再来了。"案例中的主管没有直接批评职员,而是通过幽默的方式侧面给予批评,既保全了下属的尊严,又达到了管理的目的。从另一个角度来说,这种批评方式往往更容易打动员工,让员工主动改正自身的毛病。

三招五式

每个人都有自尊心,即便是犯了错误的人,也一样有自尊心。所以,批评员工时，不能恶语伤人，也不能大发雷霆，尤其是在你怒火中烧时，更不能批评员工。

比如，员工上班迟到了，你不要当面批评他："想什么时候来就什么时候来，你以为你这是逛公园呀？"你可以换一种幽默的方式说："你知道，你这次迟到并不是你的错，要怪只能怪闹钟没把你叫醒，所以我建议你回家后换一个质量好一点的闹钟吧！"

在批评员工时，表现得幽默一点并不难，一则妙趣横生的故事，一些令人捧腹的诙谐话，一个形象有趣的比喻……这些都具有润物无声的效果，可以达到批评员工的目的，也可以拉近与员工之间的情感距离。

幽默是安慰员工的一针强心剂

[古罗马] 西塞罗

玩笑与幽默常常给人带来快乐,而且常常可以产生巨大的作用。

幽默引言

每个人都有自己脆弱的一面,也都会遇到令自己伤心的事。在工作中,下属遇到不顺心的事情,作为领导者,理当给予适当的安慰。安慰是一门艺术,也需要许多技巧。安慰下属是为人处世的一种美德,更是领导者应尽的责任。

通常来说,员工心中沮丧,充满了负面情绪,就无法全心全意地投入到工作中去。所以,要想做好管理工作,领导者应该时常倾听员工的心声,充分了解他们的所思所想。发现他们有负面情绪时,要适当地运用幽默,使他们的内心变得轻松。如此一来,你就可以控制住员工的心,让他们听你的。

幽默小故事

落汤鸡

一次,有一家公司的总经理带领员工卸货,天公不作美,竟然下了一场大雨。总经理冒雨干活,员工们只得效仿,众人浑身都被大雨浇透了。此时,总经理一边抹着脸上的雨水,一边笑着对员工说:"今天的晚餐,我们有一道新菜了。"员工们都忙着干活,还没有反应过来,总经理接着说:"我们这道菜的名字就叫'落汤鸡',我想味道一定错不了!"话音刚落,员工们一阵大笑,心中的怨气一扫而光。

简简单单的一句话就逗得所有员工一阵大笑，消除了大家被大雨淋湿的怨气，也让大家忘记了工作的辛劳。对领导者来说，要想缩短和员工之间的距离，在员工心生不满时给予安慰，最好的办法就是利用好幽默。

有人曾做过这样一项调查：在1160名管理者当中，77%的领导者在员工会议上用开玩笑的方式来打破僵局，52%的领导者觉得幽默可以帮助自己开展业务，50%的领导者认为企业应该聘请一名"幽默顾问"来缓解员工的工作压力。

刑满释放

一名将要退休的老员工因为旧病复发而住进了医院，总经理为了安慰他，就用自己战胜病魔的经典案例来开导他："我非常熟悉这家监狱（医院），因为我已经是'惯犯'了，以前经常三天两头往这跑，辛辛苦苦挣的钱全'孝敬'这里的医生了。不过，我能够'沉着应战'，有时一个人提着输液瓶上厕所，被病友笑称为'苏三起解'；有时接连几天不能吃饭，被医生称为'绝食抗议'。就这样一路走来，我最终'刑满释放'。所以，你要乐观一些，像我一样愈挫愈勇，终有一天也会'刑满释放'的！"

听了这番话，那位患病的老员工心里舒服多了，似乎一场大病因此减轻了不少，大家的心情也变得轻松、畅快。

对于任何人而言，生病都是一件令人沮丧的事情。假如你的下属身患重病，不要过多地谈论他的病情，而是要多谈论一些病人关心、感兴趣的事情，以此转移他的注意力。

三招五式

假如下属在工作中遇到不顺心的事，领导者就要给予充分的理解和支持，并及时开导下属。此时，不要只是劝下属忘掉忧愁，而要学会抚慰下属，用幽默劝慰下属。

实践证明，对于那些事业心强、自尊心强的人而言，怜悯是一种变相的侮辱，只会刺伤他们的自尊心，激起他们的反感。最好的安慰方式，就是巧用幽默帮助对方总结经验教训，使其尽快摆脱灰心丧气的情绪，树立必胜的信念。

榜样力量

谢娜：用幽默感塑造亲和力

谢娜毕业于四川师范大学电影电视学院表演系，是中国多栖女艺人。1996年拍摄第一部电影《青年刘伯承》，之后相继主演了《娜娜的玫瑰战争》《笑功震武林》和《快乐到家》等影片。2002年，她因为主持综艺节目《快乐大本营》而成名，之后又主持《百变大咖秀》等节目。2005年，她发行了第一本书《娜是一阵疯》。她经常把快乐发挥得淋漓尽致，被人称为"快乐的精灵"。

十年磨一嘴

谢娜迅速走红，有些人觉得她相貌平平，于是把她走红的原因归结为"幸运"。对此，谢娜回应道："很多人说我幸运，我确实是很幸运的，父母决定了我的相貌，幸运的是在人生选择方面给我留了余地。别人是十年磨一剑，而我呢，是十年磨一嘴。我的幸运就在于成功之神光临之前，虽然遇到无数次的挫折，承受着各种考验，但我一直默默地选择在付出、在努力，始终没有轻易地想过放弃，所以才有今天的成绩。"

坡姐

2012年春节前，《快乐大本营》节目组请来几名重量级的导演和演员做客。第一次上这样的娱乐节目，他们有些紧张，发言时多次出现词不达意的现象。谢娜见状，也不把左腿斜搭在右腿上装优雅了，她干脆跟工作人员要了块毯子，一屁股坐下来往腿上一盖，大大咧咧地说："我又不是鲁豫，你们怕啥？"

大家都被谢娜逗乐了，现场气氛一下子轻松、活跃起来，连那位德高望重的导演都忍不住开起了玩笑："姑娘，你真是条汉子！"

谢娜装出一副得意扬扬的样子，拱手施礼，说："多谢抬举！本人好歹是马栏山马栏坡的坡姐嘛！"

硬搽香水不会香

谢娜的主持风格大大咧咧，一直深受广大观众的喜爱，可是也遭到一些观众的批评和指责，被说成是"腹中无才，俗不可耐"。一次，她参加一个访谈节目，在节目中说："我不能要求所有人都喜欢我，只希望所有人都能看到我的真诚。任何的语言在事实和行动面前总是那么的苍白和无力，不管别人怎么说，我会一步一个脚印地走自己的路。我始终坚信，不洗澡的人，硬搽香水是不会香的。"

第十章
缓解紧张的气氛，用幽默促成谈判

与客户谈判前，要想营造友好的谈判氛围，就要用幽默缓解紧张的气氛；与客户谈判时，要想成功说服客户，就要用幽默回敬对方的无礼攻击，用幽默点燃客户的好奇心，用幽默给客户消消火，用幽默表达自己的意见。通过本章的学习，你会学会用幽默缓解紧张的气氛，促成谈判。

随机小幽默能赢得客户欢心

[美国] 荷伯·柯恩

世界是一张巨大的谈判桌,谈判存在于生活的方方面面,很多时候,我们自觉或不自觉地就成了某个谈判的参与者。

幽默引言

对于一位销售员来说,客户就是"衣食父母",发展客户是每一位推销人员的主要工作,也是工作的重中之重。与客户沟通时,推销人员的口才直接影响最终能否推销成功,所以应该引起推销人员的重视。

在推销的过程中,推销者可以随机来点小幽默,不仅可以处理好推销过程中出现的各种突发状况,还容易促使推销成功。

幽默小故事

医生搬家

一位房产推销员正在向客户夸耀一栋住宅楼。他说:"这片居民区非常干净,物业也特别负责,小区里空气清新,处处可见鲜花、绿草,这里的居民几乎不得什么病,寿命都很长。这么说吧,只要是住进这栋楼的居民,都不愿意再搬走了。"

就在这时,搬家公司正在帮着一位居民往外搬家。客户看到后,不解地问:"你不是说这里的居民都不愿意搬走吗?那是怎么回事?"房产推销员风趣地说:"他是一位医生,医术很高,可是这里的居民都不得病,他还怎么挣钱呢?

不搬走只能饿死！无奈之下，他只好搬到别处。"

房产推销员刚吹嘘完房子有多好，居民都不得病，不肯搬家，客户就看到有居民往外搬。如果不给一个合理的解释，恐怕客户会对他的诚信提出质疑，对他的印象大打折扣，甚至怀疑他介绍的房子有问题。

推销的过程就是谈判的过程，要想说服客户，就要随机来点小幽默。小幽默能帮助你打破所面临的尴尬，使得交易顺利进行。

辣椒越小越辣

一天，郭先生去拜访一位客户。

郭先生："您好，我是××保险公司的小郭。"

客户："啊，你不用介绍了，我这人最讨厌保险了。昨天你们公司的销售员已经来过了，我很果断地拒绝了他。"

郭先生："可是，您不觉得我比昨天的那位同事英俊潇洒吗？"

客户："哈哈，是吗？我怎么觉得昨天那位仁兄长得高高瘦瘦的，反而比你好看呢？"

郭先生："嗯，我承认我个子矮了点。不过人家说'矮个子没坏人'，再说辣椒是越小越辣呦！"

客户："哈哈！你这人太逗了。"

就这样，郭先生与客户的隔阂很快就消失了，生意也就做成了。

人人都喜欢和幽默风趣的人打交道，而不肯与一个死气沉沉的人待在一起。平时工作、生活中的压力，已经压得人透不过气来，销售员何不通过幽默的语言使客户开怀一笑，同时为自己的销售工作减少阻力呢？

商场如战场，在高手林立、竞争激烈的生意场上，怎样才能赢得客户的欢心，是很多推销员遇到的难题。面对难题，经验丰富的推销员懂得随机来点儿小幽默，因为对于他们来说，幽默就是秘密武器，可以帮助他们赢得客户的信服。

三招五式

在现实生活中，富于幽默的人往往充满了活力，不仅爱好广泛，而且具有充沛的精力。作为一名销售员，如果带着幽默投入到工作中，就会收到意想不到的效果。那么，如何才能使用幽默这个有力武器来赢得客户的欢心呢？

首先，开口说话前，先大致判断一下客户属于哪种类型和风格的人。如果客户是那种不苟言笑的人，不要轻易和他开玩笑。有人说："恰如其分的幽默对你的帮助有多少，不合时宜的幽默对你的危害就有多少。"

其次，与客户谈判时，可以在谈话中巧妙地插入幽默的语言，不仅可以让客户转变态度，还能慢慢赢得客户的欢心，但是一定要注意一点：无论什么时候，都不要和客户开一些种族或宗教方面的玩笑。

最后，随机小幽默可以拉近你与客户之间的距离，但是并不是随时随地可以运用。当客户遇到悲伤的事情，或正在处于愤怒的状态时，就不适合用幽默。也就是说，幽默虽然是一剂良药，但是并不能包治百病，销售员一定要因时制宜。

消除紧张感，营造友好的谈判氛围

[美国] 本奇利

给幽默下定义和对幽默作分析，是欠缺幽默感的人的消遣。

幽默引言

很多人都觉得，谈判应该是严肃的、庄重的，其实，如果在谈判中插入幽默的语言，既有助于缩短彼此之间的距离，钝化对立感，又能使谈判氛围变得更友好。

谈判氛围会影响谈判人员的心理、情绪和感觉，从而引起相应的反应。参加过谈判的人肯定会对谈判记忆犹新，它可能是对立的、冷淡的，也可能是旷日持久的、松弛的，或者是友好的、积极的，甚至有可能是大吵大闹的。

谈判氛围不同，谈判结果也各不相同。比如，热烈的、积极的谈判氛围，有助于谈判双方达成一致协议；对立的、冷淡的谈判氛围，就可能把谈判推向严峻的境地，最终无法达成合作。

幽默小故事

没有半点隐瞒

在第二次世界大战期间，英军的武器十分紧张，丘吉尔为了解决军需物资问题，特意到华盛顿与罗斯福会晤，请求对方支援军需物资。会谈进行前，丘吉尔躺在浴盆里沐浴，抽着大号雪茄，作沉思状。此时，罗斯福突然推门闯进来。丘吉尔赤身裸体，大腹便便，大肚子露出水面。罗斯福连忙道歉，丘吉尔却风趣地说:"总统先生,大英帝国的首相在您面前可是没有半点隐瞒呀!"

丘吉尔的这番幽默消除了谈判双方之间的陌生感,营造了良好的谈判氛围,使谈判在和谐信任中进行下去。这种幽默消除了紧张感,让人忘却了战争,并真诚地投入到合作中。谈判前,先要调节一下紧张沉闷的空气,放松一下绷得太紧的心弦,以营造友好的谈判氛围,促成谈判。

谈判双方是一对矛盾的统一体,不可能摒弃竞争,也不可能拒绝合作。为了更好地合作,双方必须创造一个友好的合作氛围。所以,谈判开始前,应该主动接触对方,发掘出双方的合作条件,为接下来的谈判打下良好的基础。

吃火药

一次,林肯总统在白宫接见某个国家的总统。这是双方第一次见面,所以气氛稍微有些沉闷。于是,林肯总统问:"怎么样,当总统的滋味如何?"

这位总统一时语塞,不知道该怎么回答林肯的话,只好反问道:"您觉得当总统的滋味如何?"

林肯风趣地回答道:"实话实说,我觉得就像吃火药一样,总想放炮!"

听了这话,这位心怀戒心的总统情不自禁地笑了,接下来的谈判也进行得很顺利。

林肯总统打破常规,没有握手,也没有寒暄,而是突如其来地问:"怎么样,当总统的滋味如何?"林肯一个小幽默,逗乐了心怀戒心的总统。我们可以想象,接下来的谈判气氛肯定会缓和很多。创造幽默可以使谈判更加顺利地进行下去,所以一些谈判高手常使用此方法。

任何谈判都需要一种轻松和谐的氛围,营造一种友好的谈判氛围,可以消除谈判双方在会面后出现的紧张感,更利于谈判的顺利进行。

三招五式

在进行比较严肃的谈判时,不适宜刚开始就急急忙忙地进入实质性谈判,而是要试着拉近与对方的情感距离，使双方在思想上协调一致。所以，刚开始谈判时，可以幽默地说些与谈判无关的话，避免双方陷入尴尬的状态。

林语堂曾经风趣地说过，人与人之间进行谈判时，谈判双方最好学会由政治家向幽默家转变，因为幽默可以减轻双方的对立感，可以营造更有利于谈判结果的谈判氛围，使谈判双方实现双赢的目的。

在说服、论辩的过程中，出人意料的幽默口才往往是最常用的技法，因为它借助人们的心理反差，使自己处于谈判的主导地位。不过，在谈判中使用出其不意的幽默辩论法时，一定要注意一点，那就是出其不意要恰到好处，而不能太过夸张。

以幽默回敬对方的无礼攻击

[法国] 萨夏·吉特里

你可以假装严肃，却无法假装诙谐。

幽默引言

在实际谈判的过程中，很多时候我们会遭遇对方的挑刺或故意刁难，最后导致谈判陷入困境。遇到这种情况，我们该怎样扭转乾坤，逼迫那些故意刁难的人知难而退呢？运用幽默诙谐的语言回敬对方的无礼攻击不失为一种不错的方法，否则只会让你的对手看笑话。

假如你遭遇对方的恶意顶撞或攻击，不需要以牙还牙，针锋相对，否则会让局面变得一发不可收拾。可以把对方的讥讽之词当作前提，以此为铺垫，顺势表达出自己的看法，既巧妙地化解了尴尬，为自己解了围，又不至于导致谈判破裂，双方都下不了台。

幽默小故事

足月分娩

1985年5月，美国总统里根前往苏联访问，两国领导人举行了会谈。在欢迎仪式上，苏联领导人戈尔巴乔夫对里根总统说："总统先生，听说您很喜欢俄罗斯的谚语，收集了不少谚语，我想为您补充一条，叫'百闻不如一见'。"

戈尔巴乔夫的用意很明显，是向里根总统暗示他们在削减战略武器方面已经有所行动。里根总统一点儿都不示弱，彬彬有礼地回敬道："是足月分娩，而非匆匆催生。"

里根总统说出的谚语幽默地表达了美国不急于和苏联达成协议。这种巧用俗语的表达方式，不仅调节了气氛，而且达到了明确地讲清道理、有力地反驳对方的目的。

俗语是群众语言，带有浓郁的地方特色，具有通俗易懂的特点。巧用俗语可以将表述力柔化，将论辩力强化，还可以分散论辩方的注意力，使对方无力反驳。这些语言大都来自社会实践，是人民群众创造发明的，在讲话时巧妙地运用，可以大大增强语言的感染力，更易于被对方理解和接受。

大独裁者

20世纪30年代，卓别林写成了一部喜剧电影脚本《独裁者》，是以讽刺和揭露希特勒为主题的。但是，就在这部影片开拍时，派拉蒙电影公司却说："我们曾经用'独裁者'这个名字写过一个闹剧，所以这个名字是我们的专利。假如卓别林想要用这个名字，就要交给我们2.5万美元的转让费。"卓别林多次派人与他们谈判，但是都以失败告终，没办法，他只好亲自上门与他们谈判。

最后，卓别林灵机一动，拿笔在片名前加了一个"大"字，把名字改成《大独裁者》，然后幽默地说："你们写的是一般的独裁者，而我写的却是大独裁者，我们两不搭界，这两者根本就是八竿子打不着的事情。"

有时候，与人谈判时，我们可以运用幽默的语言以出乎意料的方式提出彼此都能接受的条件，迫使对方变换要求，从而改变己方在谈判中所处的不利地位。原本卓别林是处于不利地位的，不过聪明的他很快就想到了一个绝妙的主意，既然你不让用"独裁者"这个名字，那我就在"独裁者"前面加一个"大"字，与你们区分开就行了。

当谈判陷入僵局时，面对对方的无礼攻击，我们可以用幽默的语言巧妙逼迫对方做出让步。只需要说几句幽默的话，就可以让对方在莞尔一笑的同时，更好地理解自己。如此一来，我们获胜的概率就大大增加了。

三招五式

面对他人的无礼攻击，有些人反唇相讥，借用对方的某些语句，借助比喻、夸张、反讽等修辞手法批评、讽刺对方，给予对方致命的痛击。但是，这种方法往往会导致对方陷入十分狼狈的境地，甚至会激怒对方。

作为一个聪明的谈判者，往往善于观察和思考，不放过任何一个可以展现幽默的机会，同时也会特别注意场合，看准对象，使幽默发挥出最大的效果。

绕个弯子，点燃客户的好奇心

[美国]罗·安·约翰逊

幽默是真正的民主。

幽默引言

在人类所有行为动机中，好奇心是最有力的一种。对于推销员来说，有许多方法都可以唤起顾客的好奇心，只要做到幽默风趣又神秘莫测，不留痕迹地引起对方的兴趣，就可以达到你的目的。

一般来说，相比普通的推销员，那些善于运用幽默语言"卖关子"的推销员更容易签单成功。因为很少有人能抗拒好奇心的诱惑，何况是那些本身就有购买欲望的客户呢？事实表明，交易能否成功，在很大程度上取决于推销员对客户所采取的诱导方式。

幽默小故事

花招先生

20世纪60年代，美国有一位很有名的销售员，名字叫乔·格兰德尔。大家为他取了一个有趣的绰号，叫"花招先生"。他拜访客户时，一般会拿出一个3分钟的蛋形计时器，把它放到桌子上，然后对客户说："请您给我3分钟时间，3分钟到了，最后一粒沙子会穿过玻璃瓶，假如那时您不希望我继续讲下去，我就离开。"

在推销的过程中，为了给自己争取足够的时间让顾客静静地坐着听他讲话，使顾客对他所推销的产品感兴趣，他会使用蛋形计时器、闹钟、20元面额的钞票等各种道具。

在实际推销工作中，营销员可以首先制造一些悬念，唤起顾客的好奇心，然后再顺水推舟地介绍产品。简单来说，不要直接表达出你的想法，而是要学会绕个弯子，把你的话埋藏在所说出来的话后面，不仅能唤起对方的好奇心，还能为自己争取推销产品的机会。

比如，向对方推销空调时，可以说："某某女士，请问您知道这个世界上什么东西最懒吗？"对方摇头表示不知道时，你可以接着说："世界上最懒的东西是您藏起来不花的钱，它们总是一动不动地待在您的钱包里。夏天这么热，把这些懒家伙拿出来购买空调，就可以让您度过一个凉爽的夏天。"

改变看法

在一次贸易洽谈会上，一名潜在客户正在观看某公司的产品说明书，卖方不失时机地问："先生，您有什么需要吗？"

潜在客户回答说："没什么需要，这里没什么可买的。"

卖方说："没错，其他人也都是这么说的。"

正在那名潜在客户为此得意时，卖方微笑着说："但是，最终他们都改变了看法。"

那名潜在客户好奇地问："哦？为什么呢？"

就这样，卖方开始进入正式的推销阶段，最后把公司的产品卖了出去。

在这个事例中，潜在客户没有购买欲望时，卖方没有直接向他介绍公司产品的情况，而是绕了一个弯子，设置了一个悬念，对潜在客户说："其他人也都是这么说的，但是，最终他们都改变了看法。"从而引发了潜在客户的好奇心，争取到一个向其推销产品的机会。

在推销过程中，经验丰富的推销员往往能使用恰当的语言创造一种轻松愉快的场面。就算与客户产生意见分歧时，恰当的语言艺术也能转移或搁置矛盾，缩小甚至化解分歧。同时，在阐述意见和要求时，合理的语言表达方式既能清楚地说明自己的观点，又不至于激怒对方。

三招五式

推销员在跟顾客进行面谈时，往往会绞尽脑汁想出一个吸引顾客眼球的开场白。你在开场就能唤起顾客的好奇心，往往意味着推销已经成功了一半。比如，假如卖的是电脑，首先不要问客户是否有兴趣买一台电脑，而是要问："您知道吗，有一种方法可以让你们公司每个月节省5000元的营销费用。"提出这类问题，往往更能点燃客户的好奇心。

假如你卖的是保险，可以对客户说："您知道吗，其实一年只需要花几块钱，您就可以防止火灾、水灾和失窃。"在点燃客户的好奇心后，你可以不失时机地说："我想向您介绍一下我们公司的保险产品，它完全可以解决您的这一需要。"如此一来，你就勾起了顾客的了解欲望，为进一步推销做好了铺垫。

美国杰克逊州立大学教授刘安彦说："探索与好奇，好像是一般人的天性。大家往往关心那些神秘奥妙的事物。"由此可见，好奇是人的天性，出于好奇心，人们往往对那些不熟悉、不了解或与众不同的东西最为关心。因此，你要抓住这一点，利用人们的好奇心，这样就可以帮你在最短的时间内接近对方。

适时来点儿幽默，给客户消消火

[苏格兰]托·卡莱尔

幽默被公正地誉为最佳诗才。

幽默引言

在谈判的过程中，经常出现这样的情况：一些谈判代表自恃地位高贵，或实力雄厚，在谈判时傲慢无礼，极力挖苦另一方，试图在气势上稳占上风，逼迫对方屈服；也有的谈判代表个人素质比较差，一旦谈判不顺利就恼羞成怒，侮辱、谩骂另一方。这种时候，如果不适时来点儿幽默，给客户消消火，很可能激化矛盾，使谈判夭折。

对谈判的双方来说，最重要的就是相互尊重。不管双方代表在个人身份、地位上有多么悬殊的差异，各自代表的团队在力量、级别上实力多么不同，一旦坐在同一张谈判桌前，彼此的地位就是同等的。

幽默小故事

打胜的螃蟹

一次，一位客人在一家颇有名气的饭店点了一盘清蒸螃蟹。菜端上来后，客人发现盘中的螃蟹没有蟹腿。这位客人叫来服务员，不满地说："你们怎么搞的？难道这只螃蟹先天残疾？为什么它没有腿？"

服务员抱歉地说："非常抱歉，这只螃蟹并非先天残疾，而是后天造成的。"

客人疑惑地问："那请问是怎样造成的？"

服务员笑着说："您应该知道，螃蟹是一种十分残忍的动物，喜欢打架，所以它肯定是在打架时被同类咬断了腿。"

客人巧妙地回答道："那请您为我调换一下，我想要那只打胜的螃蟹。"

客人发现端上桌的螃蟹没有腿，因此责怪服务员，服务员巧用幽默打消了客人的怒气，最终避免了冲突的发生。

著名影星英格丽·褒曼在谈及幸福时，不无幽默地说："幸福就是健康加上坏记性。"人生在世，有太多不如意的事，如果事事都铭记在心头，岂不是太累了？从这个角度说，你也应该多一些宽容，怀揣一颗豁达的心，略施幽默，这才是平息愤怒的好方法。

缺斤短两的水果店

一位女士怒气冲冲地闯进一家水果店，冲水果店的老板喊道："你们店还想不想做生意了？为什么每次我儿子在你们家买的水果都缺斤短两呢？"

听到这话后，水果店的老板并没有慌乱，而是非常有礼貌地回答说："女士，下一次他再来买水果，您那可爱的儿子回家后，请称一称他的体重，也许他比买水果前重一些。"

这位女士为之一愣，继而明白了水果店老板的话，顿时怒气全消，心平气和地向水果店的老板道歉。

水果店的老板认准了自己不会称错，于是只剩下一种可能，那就是馋嘴的小孩偷吃了水果。当客户愤怒时，水果店的老板为客户提供了一个很好的解决方法。他没有得理不饶人，反唇相讥，直接说"我不会称错的，肯定是你儿子偷吃了"或"你应该找你儿子的麻烦，为什么反过来找我的麻烦，真是不可理喻"。那样的话，不仅不会平息客户的愤怒，还会引发一场更大的争论。

在生意场上，有时候只需要适时来点儿幽默，就能转败为胜，平息客户的愤怒。所以，与客户发生分歧时，我们不妨先跟客户幽默一下，缓解一下紧张的气氛。

三招五式

一般情况下，幽默的语言可以给人一种诙谐的情趣，使人在笑意中有所领悟，所以它常常是缓解紧张、平息愤怒的最好方法。

在谈判中运用幽默时，还要注意一点，那就是在说话前要先动动脑子，从正面、侧面、反面等多角度地想一想，找出各不相同的表达方式，选择其中最好的一种，以此达到预期的效果。其实，在谈判中，那些懂得幽默的人往往是最会说话、最能够说服他人的人。

在谈判中适时来点儿幽默，不仅能够钝化对立感，给客户消消火，还能在不经意的话语中维护自己的正当权益。

榜样力量

冯骥才：幽默的心态最重要

冯骥才，1942年生于天津，祖籍浙江宁波。现为中国文联副主席，中国民间文艺家协会主席，全国政协常委，国务院参事，以及开明画院院长，天津大学冯骥才文学艺术研究院院长、博士生导师。20世纪末以来投身文化遗产抢救事业，对文坛影响深远。

吃了猪肉不会变成猪

冯骥才出访法国，法国人为他准备了一场欢迎会，许多西方记者蜂拥而至。其中一个记者问："尊敬的冯先生，贵国改革开放，学习西方资本主义国家的东西，你们不担心变成资本主义吗？"听了这话，冯骥才幽默地答道："不！人吃了猪肉不会变成猪，吃了牛肉不会变成牛。"冯骥才机智、幽默的回答立即博得了众人的喝彩和掌声。

家传

冯骥才的"津味儿"小说《市井人物》发表后，有一位日本作家问他："你写这类小说，是不是受冯梦龙的影响？"冯骥才幽默地回答说："然也！我与他皆姓冯，我们这是'家传'。"这是玩笑话，也是实在话。

"职业病"犯了

冯骥才应邀到美国访问。一天，旧金山中国现代文化中心邀请他去演讲。文化中心负责人葛浩文先生向听众介绍说："冯先生不仅是作家，而且是画家，以前还是职业运动员。"

此时，冯骥才沉默了一会儿，然后当着大家的面，把西服上衣脱了下来，又把领带解了下来，甚至把毛背心也脱了下来。听众都很惊讶，不知他葫芦里卖的是什么药。大厅里异常安静。

片刻之后，冯骥才开口慢慢说道："刚才葛先生向诸位介绍了我是职业运动员出身，这倒引发了我的职业病。运动员临上场前都要脱衣服的，我今天要把会场当作篮球场，给诸位卖卖力气。"话音未落，全场爆发出热烈的掌声。

第十一章
想要情浓如初，幽默保鲜不可少

靠近你的意中人、向意中人开口表白、平息恋人之间的争吵、调淡恋人的"醋味儿"、应付妻子的购买欲、应付唠叨的另一半……应对这些问题，幽默一点更有效果。要想情浓如初，少不了用幽默的语言为爱情保鲜。通过本章的学习，你将学会如何运用小幽默与另一半相处，为爱情保鲜。

幽默搭讪，靠近你的意中人

[中国] 王蒙

幽默是一种酸、甜、苦、咸、辣混合的味道。它的味道似乎没有痛苦和狂欢强烈，但应该比痛苦和狂欢还耐嚼。

幽默引言

佛说："前世的五百次回眸才能换来今生的一次擦肩而过。"在茫茫的人海中，当你在一个偶然的机会遇到了与你擦肩而过的心仪对象时，当然要牢牢把握住这个难得的机会。那么，如何才能顺利地靠近你的意中人，不让他（她）就这样消失在人海呢？不妨学会幽默搭讪，用幽默靠近你的意中人。

幽默小故事

意大利面

一个男生在饭店喜欢上了一个漂亮的女生，想知道她叫什么名字，于是走上前去，问："你好，美女，请问你叫什么名字？"

那女生回答说："我叫加州牛肉面。"很明显，她不想报上真名。可是，男生并没有气馁，而是毫不迟疑地说："这么巧，我叫意大利面，咱们可真是面面相处（觑）啊！"

见男孩这么幽默，还故意把成语念错，女孩冷漠的脸上立即露出了灿烂的笑容。

就这样，"加州牛肉面"顺理成章地成了"意大利面"的女朋友。

男生在搭讪时，遭到了女生的搪塞，但是他并没有气馁，而是巧用幽默逗女生一笑。如此一来，他在女生心中的印象便有所提升了，而不是反感他主动找自己搭话了。由此可见，我们与异性搭讪时，假如能使自己的语言变得风趣幽默，就有助于提高搭讪成功的概率。

面对心仪的异性，我们表达爱慕之意时，需要利用幽默。巧借幽默来搭讪，往往能为爱情的天平增加砝码，收到不错的效果。美好的爱情是可遇不可求的，一旦遇到自己的意中人，就要抓住机会，幽默搭讪，拉近与意中人的距离。

相亲

一天，一位男孩正在咖啡店里等朋友，一位女孩走来问："请问你是李阿姨介绍来相亲的吗？"他抬头看了一下女孩，发现正是自己喜欢的类型，心想无论如何都不能错过，于是他将错就错，连忙回答说："没错，就是我，请坐吧！"

两个人成为情侣后，男孩过意不去，坦白说："其实那天我骗了你，我不是李阿姨介绍去相亲的人。"女孩笑了笑，回答说："没事，我也骗了你，根本没有这回事，我不过是找个借口和你搭讪而已。"

第一次接触异性，许多人最惯用的办法就是预先设计程序，想好怎么说，有的甚至提前准备一张纸条，见面后直接塞到对方手里。一般情况下，这种办法的效果并不是特别理想，因为我们没法预知实际的情况。比如，在什么样的场合、还会有谁在现场、对方会是什么态度、对方会怎么说等。假如使用幽默，你就不需要预先设定，却可以收到更好的效果。

如此幽默又富有创意的情话，试问有谁能抵挡得了呢？所以，运用幽默是一种有效的跟异性搭讪的方式，它可以让你及时抓住身边的好机会，向心仪对象表达出内心深沉的爱恋。

三招五式

很多人不敢搭讪，尤其是男孩子，更不敢轻易尝试靠近自己的意中人，总担心会遭到意中人的拒绝。实际上，几乎所有女孩子都以被众多男士追求为傲。因此，你要鼓足勇气，尽量保持一颗平常心，不能被对方的傲气吓得手足无措。或者，你可以把对方看作一个很随和的人，然后主动靠近他（她），与其搭话，就有可能赢得对方的芳心，即使被拒绝，也不会留下遗憾。

需要注意的是，你要尽可能地利用一切可见的情景，捕捉可以捕捉的每一个线索，适时幽默一下，跟对方开个玩笑。有人说："微笑了，事情就好办了。"假如你能使他（她）露出灿烂的笑容，那下一步也就变得容易了。所以，接近异性时，你要尽量让自己表现得幽默一些，那样才可能更加受异性的欢迎。

喜欢对方，就幽默地开口吧

[日本] 秋田实

幽默是爱情的催化剂，因为幽默的言谈最易激发爱的温柔。借助幽默，我们能让自己所爱的人感受到无比的幸福和快乐，顺利取得求爱的成功。

幽默引言

真爱，并非轻易就能得到，而需要你经历种种挑战和磨难才能获得。如果遇到真爱，爱情的表白无疑是最大的挑战。

那么，如何表白才能成功呢？这个世界上不存在一套既定的程序，也没有现成的话语可供套用，但是，你大可运用幽默的沟通方式。幽默地表露你的爱慕之情，往往会让人忍俊不禁，并让对方在轻松的环境和愉悦的氛围中接受你的爱，而不是无情地将你拒之千里。

幽默小故事

新颖的求爱

一位男生喜欢上了一位银行的出纳员，于是假装存款，对她说："我喜欢你很长时间了，在这段时间里，我一直储蓄着这个想法，期待能得到利息，哪怕是一点点爱，我也知足了。这周六晚上，电影院里我旁边会预留一个空座，你能把自己存在那里吗？假如你没有时间，我将把它安排在星期日。不管贴现率怎么样，做你的陪伴始终都是令人兴奋的事情。"

那位出纳员听到后，幸福地接受了他。后来，她对自己的闺蜜说："我被他那新颖的求爱方式吸引了，那种方式令人不忍心拒绝。"

银行业务知识是无比枯燥的，这个男生却以此作为求爱的工具，含蓄委婉地表达了自己的爱慕之情。与这么浪漫机智的男生在一起，可想而知女生将有多么幸福。在表白的过程中，幽默常常能巧妙地表达你的爱意，以最快的速度抵达人心，俘获对方的心，使对方在欢笑中体会到深沉的爱。

美好的爱情是可遇而不可求的，表白的机会又是稍纵即逝的，假如双方的关系已经发展到一定的程度，你就要学会把握机会，以幽默的方式表达内心的情感，让对方察觉到你对他（她）的爱，从而使双方的关系得以升华。如果你有了意中人，却没有表白的勇气，幽默的表白方式往往可以点破玄机，起到推波助澜的作用。

火炉

一个法国小伙子爱上了一个姑娘。一天，他来到姑娘家，两个人围着火炉坐着。

小伙子突然开口说："你家的火炉和我家的火炉一模一样。"

姑娘一边把烘烤好的面包递给小伙子，一边漫不经心地问："真的吗？"

小伙子接过面包，风趣地说："真的。假如你去我家，相信也能烤出同样好吃的面包。你觉得呢？"

听了这话，姑娘顿时愣住，随即悟出了小伙子话语中的含义，羞涩地回答说："我觉得自己可以去试试。"

人人都说法国人最懂浪费，他们的内心像火一样狂热，此言果然不虚。就连一个普通的火炉、一个普通的面包都能被这个法国小伙子作为表白的工具，这个小伙子真不愧是情场高手。

用幽默的语言不失时机地向心仪的对象表达爱慕之情，往往是赢得对方好感的最佳方法。表白时，为了避免尴尬，同时得到一个令自己满意的结果，不妨在表白前学点幽默，提升自己的幽默水平，让自己在关键时刻变得幽默风趣起来。

三招五式

能否成功收获爱情，不只取决于是否相爱，还取决于求爱的方式。向意中人表白时，如果适当注入幽默，那么往往会使感情火速增长，顺利步入爱情的殿堂。

假如你有了心仪的对象，请不要担心自己没有足够的资本，更不要担心会遭到对方的拒绝。不妨幽默地开口表白，对心仪的对象说："你是世界上最厉害的小偷，因为你在不知不觉中偷走了我的心，让我无时无刻不想你。"或者对心仪的对象说："我一直想不明白人为什么要结婚，假如你也对此充满了好奇，就让咱们一起来研究一下吧！"

有人说："幽默是免费的红娘，它可以让你早日被丘比特的爱情之箭射中，助你轻松游入爱情的海洋中。"当你正打算恋爱，或已经在恋爱中，不妨为自己准备一份爱情宝典——幽默。不懂幽默，陷入爱情时更多的是不知所措；懂得幽默，陷入爱情时更多的却是含蓄地传达爱意。

醋味儿太浓，用幽默给它调淡些

[美国] 马克·吐温

要是幽默来得自然，不请而自到，我便准许它在我的布道中有一席之地，不过我并不是为幽默而写下布道的讲稿。不论幽默有没有申请要来，布道的讲稿我总是要写的。

幽默引言

我们都知道，爱情是自私的，最显著的表现就是"吃醋"。实际上，"吃醋"是对自己所爱的人与其他异性"交往"的一种忌妒和由此引起的不满。有时候，恋人"吃醋"时，如果处理不好，很可能使你们的关系破裂。当然，"吃醋"未必就是一件坏事，有时打翻"醋坛子"，向对方展示自己的忌妒，反而能为婚姻生活增添不少色彩。

比如，丈夫多看了两眼路过的美女，妻子脸上马上阴云密布："那么色眯眯地盯着人家看，你想干什么？"丈夫回答说："亲爱的，我想你可能误会了，我看的不是人，而是人家穿在身上的衣服，这样就可以给你也买一件那款漂亮的衣服了。"如此一来，妻子不仅不会生气，还会对你充满感激。

幽默小故事

发誓

女孩压低声音对男朋友说："前面那个哥哥真帅，正是我喜欢的类型，真希望能做他女朋友。"

第十一章　想要情浓如初，幽默保鲜不可少

男孩装作满不在乎的样子，撇着嘴说："同事们都说我们公司下周一要来一个大美女，我很期待！"

女孩不满地说："我警告你，不许打别人的主意，现在立即发誓，只准爱我一个人！"

男孩不满地问："允许你看帅哥，不允许我看美女吗？这是什么道理？"

女孩扭过头去，生气地说："哼！你一个大男人，就不能让着我吗？是不是不爱我了？"

男孩拉过女孩的手，道歉说："好啦，都是我不好。我现在就发誓，这辈子只爱你一个人，以后不看别的女孩子。"

女孩转怒为喜，回答说："那就好，这下我可以放心地看别的帅哥了。"

看完这段话后，不由得想发笑，两个人都在"吃醋"，而聪明的女孩用幽默表达了自己心中想要说的，同时又调淡了男朋友的"醋味儿"。事实上，在恋爱中，恋人"吃醋"是一种很普遍的现象。不过，懂幽默的人常常可以把吃醋转化为一种情调，增强彼此之间的感情。

如果没有醋意，可能也就失去了爱情。不过，假如醋意大到敏感、猜疑、神经质的地步，将会严重影响恋人间的感情。其实，对吃醋的一方，完全可以借用幽默钝化攻击、避其锋芒，转弯抹角地把对方的醋意往下压一下，这样既不会刺痛对方，又能消除对方的妒意，也更好地维护了双方的爱情。

三招五式

如果对方爱吃醋，你可以借用幽默来调淡对方的醋意，这样做既不会刺伤对方，也可以消解对方的妒意，维护你们的感情。比如，一位少妇责备自己的丈夫说："你这个人太花心了，每次看到漂亮的女人，简直忘记了自己已经结过婚了！"丈夫回答说："你完全说错了，刚好相反，我每次看到漂亮女人，心里最耿耿难忘的就是已经结了婚。"

对方"醋味儿"太浓，可以用幽默给它调淡一些，但是并不代表可以肆意妄为。幽默也要讲究分寸，否则不仅无法调淡醋意，还会激化矛盾。比如，电梯中

的男孩盯着前面的陌生女孩看，女朋友看了后大为不满。突然，陌生女孩回头打了男孩一巴掌，说："让你偷偷捏我！我警告你，以后要学会尊重女孩！"男孩委屈地说："我没捏呀。"事后，女朋友笑着说："是我捏的。"

恋人之间经常开一些小玩笑，可以丰富两个人的感情生活。可是这位女孩的做法明显有些过分，以至于让自己的男友白白挨了别人的耳光。可以想象一下，假如这位男士的脾气不好，那么两个人肯定会因此发生矛盾。

应付妻子的购买欲，幽默一点有奇效

[美国]爱默生

人类几乎是普遍的爱好谐趣，是自然界唯一会开玩笑的生物。

幽默引言

女人爱购物，这似乎已经成为天经地义的事情。究其原因，大概是因为：她们天生爱美，需要买漂亮的衣服和大量化妆品；不希望看到家里缺这少那，希望家中样样齐全；逛街可以让女人获得短暂的愉悦，弥补她们的空虚，释放她们的压力；喜欢攀比，看到别的女人有，自己却没有，就会莫名其妙地不开心。

因此，要想控制女人的购物欲恐怕是一件很难的事情。俗话说："吃不穷，穿不穷，算计不到就受穷。"女人花钱常常是失于算计的，购买欲永远都占上风。在一个家庭中，如果女人的购买欲太强，无异于一个无底的黑洞。而幽默，是应付妻子购买欲的绝招。

幽默小故事

漂亮的妻子

妻子处处争强好胜，尤其爱和邻居家比，邻居家新买了一样东西，她必定也央求丈夫买一样同样的东西。

一天，她对丈夫说："你知道邻居家又买了什么吗？一辆新车！咱们那辆车都开5年了，早就过时了，一定要换一辆。"

丈夫苦笑着说:"换,给你换一辆新车!"

妻子开心地说:"好!不过,邻居家最近还买了一台最新款的液晶电视,48寸呢!你看看咱们家那台电视,才32寸,也得换一台。"

丈夫面露尴尬,风趣地说:"据我所知,邻居家还有一个变化,而这个变化咱们是比不起的。"

妻子忙问:"什么变化?"

丈夫回答说:"邻居家的男主人嫌老婆太爱花钱,所以新找了一位漂亮的妻子。"

面对妻子强烈的购买欲,如果丈夫直接拒绝,什么都不肯买,妻子就会觉得丈夫不够重视自己,很可能会发生争吵。相比直接反驳妻子的观点,幽默一点往往更有效果,它可以诱导妻子认识到不应该处处与人攀比。

幽默地提意见,既缓和了气氛,又避免了尴尬,还疏导了妻子不平衡的心理。所以,对于妻子的购买欲,不要直接拒绝,而要用一种幽默的方式来处理,巧妙提醒妻子注意勤俭持家,而不是奢侈浪费。

买塑像

有一对夫妻的家境很不错,美中不足的是妻子非常喜欢追时髦,什么流行就买什么,看到人家有什么她也要买什么。最近,妻子看到表妹新买了一架古筝,她也硬是买了一架,可问题是她根本不懂音乐,只是放在家里当摆设。

一天,妻子问:"我想买一座音乐大师的塑像,你觉得肖邦、莫扎特和贝多芬,买谁的塑像好一些?"

丈夫回答说:"谁的老婆花钱少,就买谁的。"

听了这话,妻子哑口无言。

即使是肌肤相亲的夫妻,也要时刻照顾对方的尊严,不能想说什么就说什么。案例中的丈夫就做到了这一点。他巧用幽默,既提出了自己的意见,又不至于惹怒妻子,引起妻子的反感。

用幽默代替责备，就算你的话绵里藏针，暗含讽刺，也能促使妻子重新审视自身，改正自己身上的缺点。因为妻子真正在乎的往往并不是我们说什么话，而是我们说话时的态度。

三招五式

虽然女人的购买欲很强，但是并不代表她们一辈子都会毫无节制。随着年龄的增大和生活压力的加大，她们会把更多精力投入到老人、丈夫和孩子身上，把注意力转移到如何勤俭持家上来。

相信大家都知道"相敬如宾"这个成语，意思是夫妻之间要相互尊重，客客气气的，就像对待宾客一样。夫妻之间要相互体谅，即使是批评指责对方，也要用善意的幽默来表达，这样才能让彼此的关系更加紧密。

应付妻子的购买欲，不要直接给予拒绝，幽默一点有奇效。比如，如果妻子想让你给她买一顶新款帽子，对你说："亲爱的，小王的爱人买了一顶新款帽子，非常漂亮！"你可以回答说："如果她像你这么漂亮，就不用经常买帽子了。"这种回答方式既避免了妻子一味地纠缠，又满足了妻子的虚荣心。

遭遇唠叨的另一半，炫出你的幽默感

[美国] 爱默生

诙谐自能引起人们的欢迎，使一切区别都化为平等。
庄严、学问、坚强的个性，全都不能抵抗好的风趣。

幽默引言

还有什么比一个唠唠叨叨的女人更让男人退避三舍的呢？从男人的角度来看，女人总是喋喋不休，可以利用一切可能的间隙，无休止地表达自己的看法，像只苍蝇一样围着你转，发出嗡嗡的响声。因此，一名男子感慨地说："现在科学这么发达，怎么就没有治唠叨病的药呢？"

幽默小故事

说梦话

妻子对丈夫说："你现在越来越胖了，像头肥猪一样，应该多锻炼身体。"丈夫刚要反驳，妻子又抱怨说："你每天睡觉前牙不刷，袜子不洗，脚也不洗，臭气熏天。"丈夫只得苦笑。没想到妻子又说："你这个人还天天说梦话，抽空去医院检查一下吧。"丈夫回答说："还是不用了吧，假如治好了这个病，我就连这点说话的机会都没有了。"

当妻子唠唠叨叨时，不可直接抱怨表示你的不满，更不可用争吵的方式来解决，要尽可能以幽默委婉的话语提醒对方。这样既能避免对方误解，又能避免激化矛盾，不至于破坏两个人之间的感情。

联合国秘书长

一天，王先生下班后没有直接回家，而是帮朋友办了件事，回家时间比平时晚了一个多小时。王先生刚打开门，他那爱唠叨的老婆就像往常一样开始抱怨："这年头男人都喜欢不回家，没准和哪个有夫之妇一起约会，多少家庭就这样离的离，散的散。老公，我可是死心塌地地跟着你，你千万别昧了良心。你说我一日三餐、忙前忙后为了啥，还不是为了你……"王先生累了一天，只想好好休息一下，听到这些话就烦。他对妻子说："你都快成联合国秘书长了，大事小事都要操心。"

王先生的幽默肯定会刺激妻子的神经，从而引起她的自我。仔细观察我们身边已为人妻的女人，我们就会发现，很多人都喜欢唠叨，经常沉醉于自我宣泄之中，却全然不顾自己说了些什么，说出的话是否合适，也从不理会别人听了有什么感受。

三招五式

在婚姻中，一句责备的话可能会伤害对方的自尊，甚至会破坏你们的感情，这时，不妨换一种方式来表示批评，让幽默来帮忙。比如，一对夫妻，妻子晚上睡觉时总唠叨，导致丈夫很晚才睡，早晨往往无法按时起床，经常出现迟到现象。一天，妻子就对丈夫说："你应该买个闹钟。"丈夫回答说："买什么闹钟啊！你不就是现成的闹钟嘛！"

相比无休无止的抱怨和不厌其烦地解释，幽默更有效果。一般情况下，幽默的人在夫妻关系方面往往更加和谐。因此，遇到唠叨的另一半或夫妻之间出现不和谐的音符时，不妨炫出你的幽默感，而不是斤斤计较，刻意地批评或指责对方。

暗示的幽默，恋人间的亲密接触

[美国] 帕克

幽默的目的是审美。

幽默引言

"我泥中有你，你泥中有我"这句话，正是热恋中的情侣如胶似漆、难舍难分的真实写照。假如想让你们的关系更亲密，不仅需要双方付出真心，还需要你用幽默与机智表达出自己内心深处的浪漫情怀。

两个相爱的人，随着相爱程度的加深，自然而然会有肢体上的接触，做出一些亲昵的举动，这是无可非议的。不过，有些人落落大方，有些人却扭扭捏捏。如果你的恋人脸皮薄，与你亲密接触时比较羞涩，那么你可以用幽默暗示对方，消除对方的顾虑。

幽默小故事

手臂的长度

有一个小伙子性格比较内向，虽然特别想跟女朋友亲近，但是没有足够的勇气去尝试。女朋友看到他这样，心里也很着急，可是总不能让一个女孩主动吧？

一天晚上，皓月当空，小伙子和他的女朋友在花园里约会。这个时候，女朋友突然想到一个暗示他亲近自己的办法，于是对坐在身边的男朋友说："我看过一个新闻，说男人手臂的长度刚好等于女子的腰围，不知道是不是真的。"

听了这话，小伙子明白了女友的意思，立即用胳膊把女友搂在怀里，温柔地说:"实践是检验真理的唯一标准。来,我给你比比看。"

面对羞涩的男朋友,女孩巧用幽默主动说出了男朋友一直不敢提的要求,暗示两个人应该更亲密一些。简简单单的一个暗示,既反映出女孩的机智、聪明,又表现出女孩的幽默、情趣,怎么可能不让她的男朋友喜欢呢?

算你赢了

有一个小伙子悄悄走到女朋友身后,用两只手从后面蒙住了她的眼睛,故意用很粗的声音说:"猜猜我是谁,给你三次机会,如果猜不中,我就要吻你了。"

女孩立即就听出了男朋友的声音,却假装不知道,俏皮地说:"好,我猜一下。你是贝多芬吗?"

男孩莫名其妙地说:"不对,怎么会是贝多芬呢?再猜,还有两次机会。"

女孩思考了一会儿,对男孩说:"我知道了,你一定是肖邦,对吗?"

男孩有些失望地说:"你怎么总是猜音乐家呢?贝多芬和肖邦怎么可能蒙住你的眼睛呢?还有最后一次机会,再猜!"

女孩高兴地说:"不是音乐家,肯定是画家,我猜你是唐伯虎。这次对了吧?"

男孩把手松开,回答说:"对什么对呀,唐伯虎是哪个朝代的呀?还能穿越到现代?"

女孩哈哈大笑,对男孩说:"好吧,算你赢了!"

直到这时,男孩才知道女朋友的用意。

谁都知道,女孩故意猜错,是在暗示男朋友"吻我吧",而男朋友却像一只呆头鹅,直到最后才知道女孩的用意。

与恋人相处时,许多人都会羞涩、拘谨。所以,当你有意亲近对方的时候,要委婉地征求对方的同意。比如,遇到比较羞涩的女孩,小伙子在提出亲昵请求的时候,就不能太直接,一定要采取适宜的方式。

三招五式

　　向恋人提出亲密接触的要求时，不宜直接提出来，否则不仅会让对方误解，还会使自己陷入尴尬。尤其是恋人之间的关系还没有发展到一定程度时，如果贸然提出亲密接触的请求，很可能令对方感觉突兀，甚至把对方吓跑。

　　遇到这种情况，可以通过幽默的方式巧妙暗示对方，委婉地表达你的意思。比如，你可以说："我的左手好凉啊，本来打算用右手暖暖冰凉的左手，结果发现右手也是凉的。"对方听到你这么说，自然就明白了你的用意，进而把你的手握在自己手里。

　　又比如，如果你想让对方亲你，可以暗示说："你是不是偷偷往我嘴唇上撒了一把糖？否则我怎么会觉得自己的嘴唇是甜的？你看一下我的嘴唇甜不甜。"如果对方也有此意，肯定会亲你；如果对方无意，那么你也避免了使自己陷入尴尬。

榜样力量

张大千：幽默点缀潇洒人生

在20世纪的中国画坛上，张大千可谓最具传奇色彩的国画大师，对绘画、书法、篆刻、诗词无所不通，尤其擅长山水画创作。他不仅在艺术界得到大家的认可，对待朋友也表现出极大的真诚和谦逊，和他的作品一样深受我们敬仰。

耕田的马

徐悲鸿和赵望云都是张大千的好朋友，而且两个人都以擅长画马而闻名，不过徐悲鸿的名声一直都比赵望云的名声大，赵望云就有些不服气。一天，赵望云私下问张大千："人家都说徐悲鸿画马比我画得好，你说说我们俩到底谁画得好？"张大千毫不犹豫地说："当然是他的好。"听了这话，赵望云很失望，忙问为什么，张大千笑着说："因为他画的马是赛跑的马和拉车的马，而你画的则是耕田的马。"看似一句玩笑话，却颇有深意，赵望云不得不点头认同。

我是小人

抗日战争胜利以后，张大千准备从上海返回四川老家，他的学生特意设宴为他饯行，并邀请著名的京剧艺术家梅兰芳等社会名流作陪。在宴会上，张大千举杯向梅兰芳敬酒说："梅先生，你是君子，我是小人，我先敬你一杯。"参加宴会的宾客都不解其意，梅兰芳也不知道他这话从何说起。张大千连忙笑着解释："你是君子，唱戏动口；我是小人，画画动手。"听完这个解释，大家一阵大笑。

胡子

　　张大千的胡须长，吃饭时，一位朋友一直拿他的长胡子消遣他。于是，张大千不慌不忙地说："我也奉献诸位一个有关胡子的故事。刘备在关羽、张飞两弟亡故后，特意兴师伐吴为弟报仇。关羽之子关兴与张飞之子张苞复仇心切，争做先锋。为公平起见，刘备说：'你们分别讲述父亲的战功，谁讲得多，谁就当先锋。'张苞抢先发话：'先父喝断长坂桥，夜战马超，智取瓦口，义释严颜。'关兴口吃，但也不甘落后，说：'先父须长数尺，献帝当面称为美髯公，所以先锋一职理当归我。'这时，关公立于云端，听完禁不住大骂道：'不肖子，为父当年斩颜良，诛文丑，过五关，斩六将，单刀赴会，这些光荣的战绩都不讲，光讲你老子的一口胡子又有何用？'"听了这话，大家都明白了他的用意，再也不扯胡子的事了。

第十二章
老少咸宜,幽默是家庭和睦的调和剂

粗鲁抨击容易导致家人不和,而幽默地提意见,家人更容易接受。长辈总端着架子,容易和晚辈产生间隙,而幽默则可以拉近两代人之间的距离;给孩子讲大道理,他很难听明白,而小幽默孩子更易懂;和婆婆搞好关系,几句幽默的赞美可以收到不错的效果;长辈有偏失,借助幽默提出来更容易令其接受。无论对老人还是小孩,幽默都是家庭和睦的调和剂。

意见不合，粗鲁抨击不如幽默应对

[中国] 王蒙

好的幽默并不只是让你笑，还让你哭呢！哭多了眼泪就会跌价，于是乎泪尽则喜，嬉笑之中仍然可以看到作者那庄严赤诚的灵魂。也许幽默的痛苦并不比痛苦的痛苦弱。

幽默引言

生活中，我们经常遇到这种现象：一家人因为意见不合而互相抨击，导致关系疏远，甚至上演悲剧。有时候想想，发现人真的很奇怪，总是对别人客客气气的，对自己的家人却不注意说话的方式。殊不知，家人之间沟通也应该注意方式。

既然粗鲁抨击容易导致家人不和，甚至上演悲剧，为什么不试着换一种方式呢？有不同意见时，你可以幽默地提出来。幽默地提意见，可以弱化言语的攻击性，使家人更容易接受。更为重要的是，它避免了家人关系疏远，避免了上演悲剧。

幽默小故事

念佛

昊昊的奶奶信仰佛教，每天都要虔诚地诵经。一天，昊昊对正在念佛的奶奶说："奶奶，我想吃棉花糖。"

奶奶头也不抬，心不在焉地说："等一下。"

几分钟后，昊昊又闹着说："奶奶，我想吃棉花糖。"

奶奶又是头也不抬地说："再等一下。"

昊昊嘟着小嘴说："您等一下再念嘛，反正佛祖一直在这里坐着，又不会跑。要是再等一下，卖棉花糖的小贩就跑了。"

奶奶生气地说："没看到奶奶一直在念佛吗？你这样一直吵闹，我很烦的。"

昊昊委屈地说："我不过是叫了您两次，您就烦成这样，您每天都叫阿弥陀佛几万次呀，难道他就不烦吗？"

孩子说出的话大多都很稚嫩，往往能给父母和长辈增添不少欢笑。案例中的昊昊语出惊人，先说"佛祖一直在这里坐着，又不会跑"，又说"您每天都叫阿弥陀佛几万次呀，难道他就不烦吗"，稚嫩的语言中充满童趣，让人难以反驳。

抽烟

老妇人看不惯丈夫抽烟，于是递给他一张报纸，说："从结婚就抽烟，现在孙子都上学了，还抽烟。你看看这篇文章，人家科学家都说了，抽一支烟要减少6分钟的生命，我劝你还是把烟戒掉吧。"

丈夫看完报纸后，回答说："报纸上说，不吸烟的人吸入空气中的烟雾，比吸烟的人遭受的危害更大。我们这群老伙计都抽烟，我一个人不吸烟，岂不是要遭受更大的危害？"

老妇人听后不满意地说："既然你这么说，那以后每天买烟时多买几盒，我、儿媳妇、孙子都要抽烟！"

丈夫听后大笑起来。

刚开始，案例中的老妇人直接规劝丈夫戒烟，并没什么效果，后来她改变方式，让丈夫给自己、儿媳妇、孙子买烟，却令丈夫捧腹大笑，愉快地接受了建议。许多老夫老妻吵了一辈子，却谁也说服不了谁，是因为这种粗鲁抨击的方式伤害了对方的自尊心，令对方下不了台。

三招五式

晚辈看不惯长辈的行为，如果直接抨击，长辈很可能会暴跳如雷，嚷道："哎呀，你个小兔崽子，现在翅膀硬了是不是？竟然敢这么跟我说话！"其实，长辈之所以发这么大脾气，并不是听不进去晚辈的建议，而是因为看不惯晚辈的态度，受不了晚辈不尊重自己。

同样的道理，长辈看不惯晚辈的行为，简单的大骂和训斥不但达不到教育的目的，有时还会伤害晚辈的自尊，激发他们的逆反情绪，不利于晚辈的成长和发展。长辈有督导的权利，社会经验也丰富，与晚辈有不同的意见时自然要说出来，但是关键在于要让年幼无知的晚辈明白事理。

长辈也别总端着,要适时放下架子

[德国] 瓦卢瓦

无稽之谈比非凡的机智更能使我们发出笑声,因为无稽之谈更适合于我们,更符合我们的天性。

幽默引言

看过《红楼梦》的人都知道,贾政在自己的儿子贾宝玉面前总是端着,板着一张脸,吓得贾宝玉大气都不敢喘,见了他像老鼠见了猫似的。生活中,很多长辈都像贾政一样端着,不肯放下架子。

这些长辈之所以总是端着架子,每天不苟言笑,目的就是在晚辈面前保持威严的形象。不过,他们往往忽略了一点:这样做固然能使自己保持威严,却也让晚辈和自己产生了嫌隙。

幽默小故事

笨蛋

有一个男孩就读于一所世界著名的大学,最终以优异的成绩毕业,被一家顶尖的公司录用。

知道这个消息后,父亲对他说:"你这个笨蛋!在学校读了18年书,上学时成绩一直没进入前几名,更不用说考第一名了。虽然你这么笨,可是现在也活得好好的呀?没见你比谁差!"

长辈对晚辈的幽默，无论是以什么样的形式呈现，大多都透着对晚辈的疼爱和关心。案例中的父亲明明很高兴，对儿子的未来充满信心，却故意骂自己的儿子是笨蛋，在笑骂中表达了自己对儿子的满意之情。

最好的作品

1853年，法国戏剧家小仲马的话剧《茶花女》第一次登上剧场的舞台，并且受到了热烈的欢迎。为了让当时流亡在布鲁塞尔的父亲大仲马在第一时间获悉这个消息，小仲马打电话说："巨大、巨大的成功！就像我看到你的最好作品初次上演时所获得的成功一样……"

大仲马风趣地回答："我最好的作品就是你，我亲爱的孩子！"

大仲马是一个非常懂得用幽默为自己服务的人，直截了当地告诉儿子小仲马"我最好的作品就是你"，一下子就拉近了父子之间的距离，使父子感情变得更深。小仲马听父亲这么说，高兴之余，肯定会特别感激自己的父亲把他带到这个世界上来。

三招五式

家庭和社会一样，也是人生的一个小舞台。在这个舞台上，你可以演悲剧，也可以演喜剧。不管怎么说，你都不应该板着脸，而应该放下架子，营造一种娱乐式的自由氛围，让每个家庭成员都喜欢你，愿意亲近你。

第十二章　老少咸宜，幽默是家庭和睦的调和剂

大道理听着累，小幽默孩子更易懂

[苏联] 普里什文

　　生活中没有哲学还过得去，然而没有幽默则只有愚蠢的人才能生存

幽默引言

　　家庭教育的方式多种多样，但是总体来说，可以分为三种：疾言厉色式、心平气和式和风趣幽默式。疾言厉色式的教育可以威慑孩子，但容易激发孩子的叛逆心理，实际应用的效果很差。心平气和式的教育可以使孩子体会到自己和父母在人格上是平等的，但是这种方式由于语言太平淡，不疼不痒，所以无法产生持久的效果。

　　在家庭教育中，什么样的方式是最有效的呢？毫无疑问，最适合孩子的教育方式，就是最有效的教育方式。我们都知道，孩子天性喜欢玩耍，最易于接受那些令他们感到轻松、愉悦的教育方式。假如父母的教育能给他们带来快乐，那么他们就乐于接受。因此，作为家长，应该使用风趣幽默的教育方式，以小幽默的形式教育孩子，寓教于乐，为孩子营造一种轻松活泼的家庭氛围。

幽默小故事

不够分量

　　一家人在一起吃晚饭，儿子发牢骚说："咱们中国人用餐没有外国人文明。外国人用的是金属刀叉，我们中国人用的却是两根竹筷子，这明显不够分量。"

听完这话,父亲很生气,本想给他讲大道理,又怕他听不进去。思之再三,父亲说:"这个问题很好解决,等一下!"一会儿,父亲拿来一把火钳,塞到儿子手里,不客气地说:"以后吃饭你就用这个吧,它是金属的,分量也肯定够!"

案例中的父亲并没有直接批评儿子,而是故意曲解他的意思,通过幽默让他领悟到自己的错误。

在中国的传统家庭教育观念中,一般倾向于严厉式教育。一直以来,家长都信奉一点:棍棒底下出孝子。于是许多家长与孩子之间并不能建立良好的沟通,只会对孩子讲一些大道理,殊不知,这种方式最易激发孩子的逆反心理,造成亲子关系不和。

厌食的小男孩

一个小男孩体重过轻,而且不肯好好吃饭。为此,父亲操碎了心,经常讲一些大道理,却没有什么效果。

后来,这位父亲意识到了自己的错误,于是问自己:"我的儿子最想要的是什么?我怎样才能把吃饭和他想要的东西联系起来?"

一天,他发现自己的儿子哭着回家了。一问才知道,原来小男孩的车子被一个大男孩抢走了,而且那个大男孩经常抢他的东西。

从此以后,小男孩再不吃饭,父亲就对他说:"你应该多吃点饭,这样才能越来越强壮,别人再欺负你,你就有力量反击。你只要每天都把碗里的饭吃光,总有一天,你一拳就能把欺负你的人的鼻子打扁。"

刚开始,小男孩的父亲讲一些大道理并没有任何效果,后来他转变策略,采用幽默激将法说服小男孩,果然奏效。其实,小男孩的世界很简单,只不过是想痛揍一顿欺负他的人,好一解长久以来所受的怨气。

哈利·欧佛瑞在《影响人类行为》这本书中写道:"行为乃发自我们的基本愿望……在商场、家庭、学习或政治上,对那些自认为是'说客'的人,有句话可以算是最好的箴言：要首先激起别人的欲望。凡能这么做的人，世人必与他在一起，这种人永不寂寞。"

三招五式

古话说得好："数子十过，不如奖子一长。"跟孩子讲道理，首先要充分肯定孩子的长处，以此为基础，再对孩子的过错予以指正，这样孩子才更容易接受。假如你一味地数落孩子，只会激发孩子的自卑心理和逆反心理。

要想让孩子听你的，你必须懂得孩子内心的秘密，这样才能让孩子敞开心扉和你说话。所以，父母应该掌握与孩子情感交流的秘方，多给予孩子一些思想的指导，增强彼此之间的信任感，用幽默的方式走进孩子的内心世界。

与孩子幽默对话时，父母还应该注意：不可幽默地讽刺孩子，不可幽默地吓唬孩子，不可幽默地命令孩子，不可幽默地说一些宠爱话，不可幽默地侮辱孩子，不可幽默地埋怨孩子，不可幽默地欺骗孩子。比如，一些家长喜欢对孩子说："听话，明天领你去天上摘星星。"这些话假如无法落实，久而久之，家长的威信就不复存在了。

要想和婆婆关系好，幽默赞美少不了

[中国] 鲁迅

没有艺术手段，没有锋利的文笔，没有幽默，没有图景，就没有小品。

幽默引言

在家庭关系中，婆媳关系是很难处理的。这两个女人都是男人最亲密的人，可是她们潜意识里往往都有一种"争抢"的心理，所以，相处起来非常困难。在这种情况下，作为儿媳妇，如何才能和婆婆搞好关系呢？

任何人都喜欢听别人的夸奖，作为儿媳妇，如果平时嘴巴甜一些，说话幽默一些，在婆婆面前乖巧一些，就有助于你和婆婆搞好关系，得到婆婆的疼爱。

幽默小故事

省长

一天，儿媳妇对婆婆说："妈，您知道您儿子在背后叫您什么吗？"

婆婆好奇地问："叫我什么？"

儿媳妇回答说："他在背后叫您省长。"

婆婆不解其意，连忙问："为什么？"

儿媳妇笑着回答说："因为您不爱浪费，喜欢节省，省水、省电、省钱、省粮食。我们都夸您勤俭持家，背后也不叫您妈了，直接叫您省长。"

大多数儿媳妇对待婆婆都采取敬而远之的方式，惹不起躲得起。不过，两代人同住一个屋檐下，低头不见抬头见，躲是躲不过去的。俗话说"老小孩，小小孩"，婆婆年纪大了，需要你像哄孩子一样，在日常生活中多夸夸她，她心情好了，你的心情自然也跟着好了。

老人经常说："生在新中国，长在红旗下。"我们的父辈这一代人都有一种共同的时代品格，那就是勤俭节约、吃苦耐劳。借老公之口夸婆婆节省，叫婆婆"省长"，既表现了婆婆勤俭持家的美好品德，又表现了婆媳之间亲密无间的关系。

积德行善

婆婆喜欢做善事，儿媳妇喜欢请小时工做家务。一次，儿媳妇又要请小时工，婆婆一听就急了，抱怨说："你们这些年轻人，真是败家，自己能做的事，请小时工干什么？咱不花那个冤枉钱。"

儿媳妇摸透了婆婆的心思，对她说："妈，我请的这些小时工，有的是下岗工人，有的是来城里的打工妹，有的是家里比较困难的人，有的是勤工俭学的学生，生活条件都不好。咱们现在生活条件好了，您又乐善好施，这样做也是为了积德行善呀。"

假如儿媳妇摸不透婆婆的心思，听到婆婆反对请小时工，直接对婆婆说："您都这么大岁数了，怎么那么抠啊？咱们家又不缺那两个小钱，不就是请个小时工吗，有什么大不了的？"尽管意思一样，换一种说法就非常难听，很可能惹得婆婆大怒："你怎么没大没小的，竟敢教训我？"如此一来，婆媳之间的矛盾就会不可避免地爆发。

其实，婆婆媳妇都有一种误区，觉得进了一家门了，自然是一家人，说话也就不用那么讲究了，随随便便地说话也没什么大不了的。其实，世间万物，人最复杂，一家人说话也要讲究方式。假如没有意识到这一点，就会引起很多不必要的矛盾。

三招五式

要想和婆婆搞好关系，就要对婆婆多一些关怀，平时多打电话问候一下，可以和她讨论一下健身和保健品的话题，多提醒她注意休息、保暖，婆婆的心里肯定会热乎乎的。

如果和婆婆住在一起，平时应该多一些体贴。比如，可以对婆婆说："妈，今天我做饭吧，您放一天假休息一下。您可是咱们家的大功臣，可千万不能累坏了身体，否则咱们家的天就塌了。"

做母亲的都喜欢夸奖她的儿子，所以，你可以在婆婆面前多说老公的好话："小飞特别知道上进，也很有出息，现在已经是他们公司的部门经理了，我现在出门走路都带着风，这全是您的功劳呀！"当然，也可以在婆婆面前表现得恩爱一些，说一下老公的坏话："妈，您可得管教一下您儿子，也不知道让着我点，总欺负我。我现在终于找到靠山了，看你在我靠山面前还敢欺负我！"

长辈有偏失，借助幽默提出来

[德国] 黑格尔

灵敏的鼻子，一嗅到幽默和讽刺准会皱起来。

幽默引言

长辈和晚辈由于出生时代不同，在年龄大小和知识结构式上存在差异，因此，晚辈看长辈，不能觉得长辈迂腐可笑、思想僵化。如果晚辈不理解长辈的意思，不同意长辈的看法，可以运用幽默的方式来表达你的意见。

营造出良好的沟通氛围，幽默起着关键作用。在这个世界上，许多人都在拒绝痛苦、悲伤，却没有人拒绝幽默的笑声。要想赢得长辈的心，就要摆正和长辈交流的姿态，彼此站在对方的角度进行沟通。

幽默小故事

牛吃草

有一位画家，为了让儿子继承他的事业，从小就让儿子学习画画。可是，儿子对画画并不感兴趣，只是迫于父亲的威严，才不得不学画。在他看来，这种日子简直是苦不堪言。

一天，父亲严厉地说："我让你画一幅牛吃草，你怎么交给我一张白纸？"

儿子回答说："我画的就是牛吃草呀！"

父亲不解地问："那你画的草呢？"

儿子回答说："草被牛吃完了，当然在牛的肚子里呀。"

父亲又问："那你画的牛呢？"

儿子回答说："牛吃完了草，就离开了。"

试想，假如儿子把对父亲的不满强忍在心里，久而久之，父子之间的关系就会越来越僵化。从另一个角度说，"兴趣是最好的老师"，没有兴趣，儿子也不可能把画画好。做自己不喜欢的事只能是白白浪费时间，影响自己的发展。

假如儿子激烈反抗，不仅会辜负父亲的一片苦心，还会令父亲恼火不已，导致父子不和。晚辈对长辈的意见不赞同时，采用适度的幽默来表达自己的观点，就会使交谈气氛变得轻松，有助于双方沟通和互相理解。

遵守承诺

女儿太吵闹，父亲责骂说："咱们已经说好，你不安静就要挨打，难道你忘了吗？"

女儿回答说："我没忘，爸爸。不过，既然我没有遵守我的承诺，你也可以不遵守你的承诺。"

听了这话，父亲被逗得哈哈大笑。

年轻人的想法与父母的想法总是格格不入，很容易出现矛盾冲突，此时最恰当的办法就是避实就虚，以软代硬。案例中的女孩没有直接顶撞父亲，而是以幽默的方式来化解父亲的怒气，缓和了双方的紧张气氛。

三招五式

长辈有偏失，能否与其开玩笑要根据长辈的性格而定，假如长辈的性格温和，并不介意玩笑话，那么你就可以借助幽默提出他的过失。比如，长辈并不反感晚辈和他开玩笑，甚至他本人就习惯和晚辈开玩笑，那你就可以随意一些，不必顾虑太多。相反，假如长辈本身很严厉不喜欢幽默，晚辈和他开玩笑会激怒他，那么你就不要跟他开玩笑，以免惹他生气。

即使你的长辈性格温和，和他开玩笑时也不能过了头，不能说一些"去死""你个没用的家伙""真没教养"之类的话,否则会惹长辈不高兴。幽默固然好,但是幽默过了头就成了无礼,任谁都无法接受晚辈的无礼。

除了要摆正与长辈沟通的姿态,还要有运用幽默调和家庭气氛、维护家庭和谐的责任心。幽默绝不仅仅是为了获得人们表面上的欢笑,也不仅仅是为了指出长辈的偏失,更是为了让家庭成员在乐趣中感受到更多爱意和温情。

榜样力量

白岩松：妙语智言巧示幽默

白岩松是中国内地著名的主持人，毕业于中国传媒大学新闻系，主持过《新闻周刊》《感动中国》《新闻1+1》等节目。1993年，白岩松参与创办《东方时空》，并推出了《东方之子》等栏目。1997年主持了"香港回归""三峡大坝截流"等节目直播。1999年参加了"澳门回归直播""国庆50周年庆典"转播。2000年被授予"中国十大杰出青年"，担任2004和2008年两届奥运火炬手。在其主持生涯中，先后多次荣获"优秀播音员主持人"奖，并于2009年荣获"华语主持群星会年度终身成就奖"。他主持风格轻松、快乐、富有趣味，深受观众的喜爱。

我是幸运的

《实话实说》的主创人员问白岩松时，白岩松自嘲说："我能走到今天，如果说赢得了别人的掌声，那完全是因为我的幸运。好比在一大片荒地里，大家看到一片植物，哪怕长得七歪八扭，也会给它掌声。其实，这个世界上还有更多的植物，有更美的鲜花，只不过这片七歪八扭的植物先被大家看到。我就是这七歪八扭的植物，我是幸运的，坐上了中国电视新闻改革的头班车。过去像我、崔永元、方宏进这样长相的，想当电视节目主持人，根本是不可能的事情。"

恐怖片

在一次采访中，主持人在现场放映了一段白岩松第一次主持《东方之子》的画面，虽然白岩松事先已经呼吁大家"一定要做好心理准备"，但是画面出来后,还是引起一片笑声:白岩松身上穿着一套不合身的西装,戴着一副超大镜框的眼镜,身材消瘦……

片子放完后,白岩松苦不堪言地说:"我以为看的是喜剧呢,回头一看是恐怖片。那是我体重最轻的时候,仅50多公斤,我现在80公斤了,多了一袋子面。我觉得自己以前长得非常尖锐,现在长得善良,而且比以前好看多了。"

时尚先生

在《时尚·先生》举办的首届"时尚先生"评选活动中,白岩松荣获首届"中国时尚先生"奖。

得到这个奖项后,白岩松说:"我今天有三句话:非常感谢,《时尚》杂志把时尚先生的奖项颁给我,这是一个非常有幽默感的举动,就像我不会游泳却坐在游泳池旁边。不过,非常感谢《时尚》杂志让我第一次和时尚沾边了。第二句,'先生'是在我心中值得尊敬的词,我配不上,但有一点我配得上,我的确是男人,而且目前没打算改变性别。最后要说的是时尚,有人说时尚是一种追逐,我说偶尔坚守也是时尚;有人说时尚是色彩,我说留一点时间辨别黑白也很重要。感谢《时尚》杂志,感谢主持人。"

附 录

马丁幽默类型调查卷

以下是马丁幽默类型调查卷，请如实回答，并给出评分。（完全不同意，1分；比较不同意，2分；稍微不同意，3分；中立，4分；稍微同意，5分；比较同意，6分；完全同意，7分）

1. 如果有人犯错误，我会经常取笑他们。

   A. 完全不同意（　　　） B. 比较不同意（　　　）

   C. 稍微不同意（　　　） D. 中立（　　　）

   E. 稍微同意（　　　） F. 比较同意（　　　）

   G. 完全同意（　　　）

2. 我不介意别人取笑我和笑我付出太大代价。

   A. 完全不同意（　　　） B. 比较不同意（　　　）

   C. 稍微不同意（　　　） D. 中立（　　　）

   E. 稍微同意（　　　） F. 比较同意（　　　）

   G. 完全同意（　　　）

3. 我不需要花太大力气就能使其他人哈哈大笑，我是天生的幽默大师。

   A. 完全不同意（　　　） B. 比较不同意（　　　）

   C. 稍微不同意（　　　） D. 中立（　　　）

   E. 稍微同意（　　　） F. 比较同意（　　　）

   G. 完全同意（　　　）

4. 即使只有我一个人，我也会开怀面对人生的挫折。

   A. 完全不同意（　　　） B. 比较不同意（　　　）

C. 稍微不同意（　　） D. 中立（　　）

E. 稍微同意（　　） F. 比较同意（　　）

G. 完全同意（　　）

5. 人们不会因我的幽默而不开心或伤心。

A. 完全不同意（　　） B. 比较不同意（　　）

C. 稍微不同意（　　） D. 中立（　　）

E. 稍微同意（　　） F. 比较同意（　　）

G. 完全同意（　　）

6. 我很少用自己的趣事来取悦别人。

A. 完全不同意的（　　） B. 比较不同意（　　）

C. 稍微不同意（　　） D. 中立（　　）

E. 稍微同意（　　） F. 比较同意（　　）

G. 完全同意（　　）

7. 我的幽默态度使我不会因遇到挫折而心烦和沮丧。

A. 完全不同意（　　） B. 比较不同意（　　）

C. 稍微不同意（　　） D. 中立（　　）

E. 稍微同意（　　） F. 比较同意（　　）

G. 完全同意（　　）

8. 如果我独自一个人不开心的时候，我会想一些趣事让自己振作起来。

A. 完全不同意（　　） B. 比较不同意（　　）

C. 稍微不同意（　　） D. 中立（　　）

E. 稍微同意（　　） F. 比较同意（　　）

G. 完全同意（　　）

9. 有时我控制不了自己一直在说笑话，即使我的笑话不被欣赏。

A. 完全不同意（　　） B. 比较不同意（　　）

C. 稍微不同意（　　）　　　　D. 中立（　　）

E. 稍微同意（　　）　　　　　F. 比较同意（　　）

G. 完全同意（　　）

10. 我喜欢让别人欢笑。

A. 完全不同意（　　）　　　　B. 比较不同意（　　）

C. 稍微不同意（　　）　　　　D. 中立（　　）

E. 稍微同意（　　）　　　　　F. 比较同意（　　）

G. 完全同意（　　）

11. 在我心烦的时候，我怎么也幽默不起来。

A. 完全不同意（　　）　　　　B. 比较不同意（　　）

C. 稍微不同意（　　）　　　　D. 中立（　　）

E. 稍微同意（　　）　　　　　F. 比较同意（　　）

G. 完全同意（　　）

12. 当我和朋友或家人在一起的时候，我通常是那个被别人开玩笑的人。

A. 完全不同意（　　）　　　　B. 比较不同意（　　）

C. 稍微不同意（　　）　　　　D. 中立（　　）

E. 稍微同意（　　）　　　　　F. 比较同意（　　）

G. 完全同意（　　）

13. 在我遇到麻烦或不开心时，我也会用欢笑掩饰，所以我的亲密好友也不知道我真实的感觉。

A. 完全不同意（　　）　　　　B. 比较不同意（　　）

C. 稍微不同意（　　）　　　　D. 中立（　　）

E. 稍微同意（　　）　　　　　F. 比较同意（　　）

G. 完全同意（　　）

14. 我和其他人在一起的时候，我通常不能想一些趣事来说。

A. 完全不同意（　　）　　　　B. 比较不同意（　　）

C. 稍微不同意（　　）　　　　D. 中立（　　）

E. 稍微同意（   ）　　　　　　F. 比较同意（   ）

G. 完全同意（   ）

15. 如果会伤害到别人，即使是很有趣的事我也不会拿来开玩笑。

A. 完全不同意（   ）　　　　　B. 比较不同意（   ）

C. 稍微不同意（   ）　　　　　D. 中立（   ）

E. 稍微同意（   ）　　　　　　F. 比较同意（   ）

G. 完全同意（   ）

16. 让其他人取笑我是我令他们情绪高涨的办法。

A. 完全不同意（   ）　　　　　B. 比较不同意（   ）

C. 稍微不同意（   ）　　　　　D. 中立（   ）

E. 稍微同意（   ）　　　　　　F. 比较同意（   ）

G. 完全同意（   ）

计分方法：

类型一——批判性幽默：基础分为14分，加上问题1和9的分数，再减去问题5和15的分数。

类型二——取悦别人幽默：基础分为7分，加上问题3和10的分数，再减去问题6和14的分数。

类型三——自我取笑幽默：将问题2、12、13和16的分数相加。

类型四——生活幽默：基础分为3分加上问题4、7和8的分数再减去问题11的分数。

最终结果：

在类型一、类型二、类型三和类型四中，假如你在某个类型中的总分数高于17分，你属于这种类型的程度就高；假如你在某个类型中的总分数在11到17分之间，你属于这种类型的程度为中等；假如你在某个类型中的总分数低于11分，你属于这种类型的程度就低。